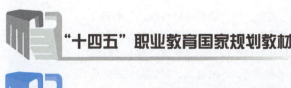

"十四五"职业教育国家规划教材

"十三五"职业教育国家规划教材

路桥养护技术

王知乐 编

机械工业出版社

本书主要内容包括：路基养护与维修、沥青路面养护与维修、水泥混凝土路面养护与维修、桥梁上部结构养护与维修、桥梁下部结构养护与维修。本书在编排体系设置上，每个模块开始都设有先导案例，每个模块后设置自我测评和案例实训。自我测评考查知识掌握情况，案例实训强化路桥养护知识在实践中的具体应用。

本书适合高职院校交通土建类专业（道路桥梁工程技术专业、城市轨道交通工程技术专业、工程检测技术专业、工程监理技术专业等）作为教材使用，同时可供相关专业人员参考。

图书在版编目（CIP）数据

路桥养护技术/王知乐编．—北京：机械工业出版社，2018.12（2025.1重印）

ISBN 978-7-111-61660-3

Ⅰ.①路… Ⅱ.①王… Ⅲ.①公路养护–高等职业教育–教材②铁路养护–高等职业教育–教材③桥–保养–高等职业教育–教材 Ⅳ.①U418.4②U216.41③U445.7

中国版本图书馆CIP数据核字（2018）第303038号

机械工业出版社（北京市百万庄大街22号 邮政编码100037）
策划编辑：李 莉 责任编辑：李 莉
责任校对：梁 静 封面设计：鞠 杨
责任印制：单爱军
北京虎彩文化传播有限公司印刷
2025年1月第1版第5次印刷
184mm×260mm·12印张·284千字
标准书号：ISBN 978-7-111-61660-3
定价：39.00元

电话服务 网络服务
客服电话：010-88361066 机 工 官 网：www.cmpbook.com
　　　　　010-88379833　机 工 官 博：weibo.com/cmp1952
　　　　　010-68326294　金 书 网：www.golden-book.com
封底无防伪标均为盗版 机工教育服务网：www.cmpedu.com

关于"十四五"职业教育国家规划教材的出版说明

为贯彻落实《中共中央关于认真学习宣传贯彻党的二十大精神的决定》《习近平新时代中国特色社会主义思想进课程教材指南》《职业院校教材管理办法》等文件精神,机械工业出版社与教材编写团队一道,认真执行思政内容进教材、进课堂、进头脑要求,尊重教育规律,遵循学科特点,对教材内容进行了更新,着力落实以下要求:

1. 提升教材铸魂育人功能,培育、践行社会主义核心价值观,教育引导学生树立共产主义远大理想和中国特色社会主义共同理想,坚定"四个自信",厚植爱国主义情怀,把爱国情、强国志、报国行自觉融入建设社会主义现代化强国、实现中华民族伟大复兴的奋斗之中。同时,弘扬中华优秀传统文化,深入开展宪法法治教育。

2. 注重科学思维方法训练和科学伦理教育,培养学生探索未知、追求真理、勇攀科学高峰的责任感和使命感;强化学生工程伦理教育,培养学生精益求精的大国工匠精神,激发学生科技报国的家国情怀和使命担当。加快构建中国特色哲学社会科学学科体系、学术体系、话语体系。帮助学生了解相关专业和行业领域的国家战略、法律法规和相关政策,引导学生深入社会实践、关注现实问题,培育学生经世济民、诚信服务、德法兼修的职业素养。

3. 教育引导学生深刻理解并自觉实践各行业的职业精神、职业规范,增强职业责任感,培养遵纪守法、爱岗敬业、无私奉献、诚实守信、公道办事、开拓创新的职业品格和行为习惯。

在此基础上,及时更新教材知识内容,体现产业发展的新技术、新工艺、新规范、新标准。加强教材数字化建设,丰富配套资源,形成可听、可视、可练、可互动的融媒体教材。

教材建设需要各方的共同努力,也欢迎相关教材使用院校的师生及时反馈意见和建议,我们将认真组织力量进行研究,在后续重印及再版时吸纳改进,不断推动高质量教材出版。

机械工业出版社

前　言

"路桥养护技术"是道路桥梁工程技术专业的专业课程。本书结合《公路养护技术规范》《公路沥青路面养护技术规范》《公路水泥混凝土路面养护技术规范》等路桥工程技术领域的技术标准和规范，依据"路桥养护技术"课程的案例教学改革与实践成果，以实际工程案例为载体，引入路桥养护技术人员职业资格标准，吸收国内路桥养护技术的最新发展成果编写而成。

本书通过案例深入浅出地介绍了路桥养护技术的基本理论和具体应用，典型案例贯穿全书始终，理论知识与案例分析紧密结合，同时基于"课证融通"的理念，融入了近年来路桥养护技术人员职（执）业资格考试的内容，突出了理论知识的综合运用，注重分析问题和解决问题能力的培养，突出了职业性、实用性和针对性。

为了便于学习，本书在编排体系设置上，每个模块开始都设有【先导案例】，每个模块后设置【自我测评】和【案例实训】。【自我测评】考查知识掌握情况，【案例实训】强化路桥养护知识在实践中的具体应用。

本书在重印过程中，着重优化配套的微课视频，使之更符合当前职业教育的教学需要，也体现二十大报告中"推进教育数字化""数字中国"的理念。

本书编写过程中，苏交科集团股份有限公司杨建新和江苏省交通工程集团有限公司朱加军等专家参与教材大纲、教材结构体例的定稿工作，并且提供了大量工程案例和相关数据，在此表示感谢。

本书由泰州职业技术学院王知乐编写。由于编者水平所限，本书在内容取舍、章节安排和文字表达等方面还有许多不尽如人意之处，恳请读者批评指正，并提出宝贵建议。

编　者

二维码清单

名　　称	图　形	名　　称	图　形
水泥混凝土路面多锤头破碎板		病害修补摊铺沥青混合料	
病害修补碾压沥青混合料		桥头跳车病害	
病害沥青路面铣刨1		病害沥青路面铣刨2	
病害沥青路面铣刨后喷洒黏层油		病害沥青路面铣刨后重铺碾压	
沥青罩面摊铺		沥青喷洒	
G328互通立交上面层反射裂缝开槽修补		杭州绕城高速路坑槽修补	
矿料撒布			

目 录

前　言
二维码清单

模块一　路基养护与维修 1
【先导案例】 1
1.1　路基技术状况评价 3
1.2　路基损坏识别与养护维修 5
【本模块小结】 19
【自我测评】 19
【案例实训】 19

模块二　沥青路面养护与维修 23
【先导案例】 23
2.1　沥青路面使用质量的评价方法及养护对策 27
2.2　沥青路面常见病害的原因分析与维修 32
2.3　沥青路面罩面技术 45
【本模块小结】 50
【自我测评】 50
【案例实训】 52

模块三　水泥混凝土路面养护与维修 57
【先导案例】 57
3.1　水泥混凝土路面使用质量的评价方法及养护对策 64
3.2　水泥混凝土路面常见病害的原因分析与维修 79
3.3　旧水泥混凝土路面加铺层技术 90
【本模块小结】 96
【自我测评】 96
【案例实训】 97

模块四　桥梁上部结构养护与维修 110
【先导案例】 110
4.1　梁桥上部结构常见病害原因分析与养护维修 112
4.2　拱桥上部结构常见病害原因分析与养护维修 137
4.3　桥面系及附属设施养护与维修 150
【本模块小结】 163
【自我测评】 164
【案例实训】 164

模块五　桥梁下部结构养护与维修 …… 167
【先导案例】 …… 167
5.1　桥梁墩台常见病害原因分析与养护维修 …… 168
5.2　桥梁基础常见病害原因分析与养护维修 …… 174
【本模块小结】 …… 178
【自我测评】 …… 178
【案例实训】 …… 179

参考文献 …… 181

模块一

路基养护与维修

 学习目标

通过本模块的学习，了解公路路基技术状况的评价方法；掌握路肩、边坡、排水设施、挡土墙等构造物的日常养护；掌握路基常见病害的类型、分析与养护维修；能分析识别公路路基常见病害，分析路基病害发生原因；能制订公路路基的初步养护维修方案。培养养护质量意识；培养学生自主学习、与人合作的协作精神以及创新意识。

 内容概要

本模块的主要内容包括路基技术状况的评价，路基及其构造物的日常养护，路基病害的类型，路基病害的原因，路基病害的养护维修措施等。

 先导案例

常台高速公路江苏段苏杭方向路基养护维修案例

一、案例背景资料

常台高速公路是国家高速公路规划重要干线"沈海高速（G15）"的联络线，起点为江苏常熟，终点为浙江台州。其中江苏段是江苏省"四纵四横四联"高速公路网的重要组成部分，是国家同三国道主干线的重要分流道路。常台高速公路江苏段作为苏州市南北向唯一的快速通道，在苏州市"一纵三横一环五射二联"高速公路规划网中起到特别重要的作用。它北接苏通长江公路大桥、沿江高速公路和常熟港，南连浙江省乍嘉苏高速公路，途经常熟董浜、古里、白茆、唐市、沙家浜、相城区阳澄湖、湘城、太平、元和，工业园区娄葑，吴中郭巷、良种场，吴江松陵、同里、八圩、黎里、平望、盛泽18个乡镇，江苏段全长100km，双向四车道，设计时速120km/h。常台高速公路江苏段于2003年9月27日建成通车。

2012年3月对常台高速公路江苏段苏杭方向路基损坏状况进行了调查，调查结果显示：路基损坏类型有路肩边沟不洁、路肩损坏及排水系统淤塞，相对而言，路肩损坏和排水系统淤塞较为严重，为主要损坏类型；路肩损坏占损坏总数量的95.72%，路肩边沟不洁占损坏总数量的0.71%，排水系统淤塞占损坏总数量的3.57%。路基损坏典型照片如图1-1所示：

苏杭方向K66+000路肩边沟不洁

苏杭方向K56+380路肩边沟不洁

苏杭方向K0+680路肩损坏

苏杭方向K41+820路肩损坏

K58+050苏杭方向排水系统淤塞

K66+000苏杭方向排水系统淤塞

图 1-1　路基损坏

二、案例分析要求

分析所遇各种路基病害的发生原因，并给出各种病害的处理方法。

模块一 路基养护与维修

三、案例分析要点

本案例考核公路路基病害分析和治理的有关问题，主要涉及公路路基的各种破损原因及处理措施等问题。要求根据《公路养护技术规范》（JTGH10—2009）、《公路技术状况评定标准》（JTG H20—2007）的要求，正确分析本工程路基病害发生的原因并制订针对性的路基养护维修方案。因此，在案例分析时，要根据本案例背景给定的条件，分析每一个病害发生的原因并针对性地提出养护维修对策。

四、案例分析过程

1. 路肩边沟不洁

病害分析：苏杭方向K66+000处路肩有垃圾，路肩部位的杂物垃圾如被风吹至路面或空中也会对行车安全造成一定的威胁；K56+380处边沟有垃圾，边沟垃圾易造成边沟堵塞。

病害处理：路肩、边沟垃圾要及时清扫。

2. 路肩损坏

病害分析：苏杭方向K0+680、K41+820硬路肩分别有一处修补，苏杭方向K41+820硬路肩修补处唧浆，说明修补处出现了水损害，水已侵入了路肩基层。

病害处理：将路肩面层和基层病害部分挖除，重新填入基层和面层材料，并分层压实，保证压实度，压实后要保证表面平整，横坡适当，以免影响路面排水。

3. 排水系统淤塞

病害分析：苏杭方向K58+050、K66+000两处边沟淤塞，主要是边沟内杂草未能及时清除导致的。

病害处理：路基日常检查时如发现边沟内长杂草、堵塞，应及时清理沟内杂草、垃圾等杂物，保持排水系统畅通。

1.1 路基技术状况评价

 知识学习

公路路基技术状况用路基技术状况指数（SCI）评价，按下式计算。

$$SCI = \sum_{i=1}^{8} w_i(100 - GD_{iSCI})$$

式中 GD_{iSCI}——第 i 类路基损坏的总扣分，最高分值为100，按表1-1的规定计算；

w_i——第 i 类路基损坏的权重，按表1-1取值；

i——路基损坏类型。

表1-1 路基损坏扣分标准

类型（i）	损坏名称	损坏程度	计量单位	单位扣分	权重（ω_i）
1	路肩边沟不洁		m	0.5	0.05
2	路肩损坏	轻	m²	1	0.10
		重		2	

3

(续)

类型（i）	损坏名称	损坏程度	计量单位	单位扣分	权重（ω_i）
3	边坡坍塌	轻	处	20	0.25
		中		30	
		重		50	
4	水毁冲沟	轻	处	20	0.25
		中		30	
		重		50	
5	路基构造物损坏	轻	处	20	0.10
		中		30	
		重		50	
6	路缘石缺损		m	4	0.05
7	路基沉降	轻	处	20	0.10
		中		30	
		重		50	
8	排水系统淤塞	轻	m	1	0.10
		重	处	20	

路基技术状况指数（SCI）的值域为 0~100，分为优、良、中、次、差五个等级。路基技术状况指数（SCI）等级按表 1-2 规定的标准确定。

表 1-2 路基技术状况评价标准

评价等级	优	良	中	次	差
SCI	≥90	≥80，<90	≥70，<80	≥60，<70	<60

案例分析

常台高速公路江苏段杭苏方向路基养护维修案例

一、案例背景资料

工程概况参见前文先导案例。

2012 年 3 月 26 日~2012 年 3 月 29 日对常台高速公路江苏段杭苏方向路基调查，调查结果汇总于表 1-3。

二、案例分析要求

评价 2012 年 3 月常台高速公路江苏段杭苏方向的路基技术状况。

三、案例分析过程

1. 路基技术状况评价指标——路基技术状况指数的计算

$SCI = 0.05 \times (100 - 0.5 \times 55) + 0.1 \times (100 - 100) + 0.25 \times (100 - 0) + 0.25 \times (100 - 0) + 0.1 \times (100 - 0) + 0.05 \times (100 - 0) + 0.10 \times (100 - 0) + 0.10 \times (100 - 100) = 78.625$

模块一　路基养护与维修

表1-3　常台高速公路江苏段杭苏方向路基损坏状况汇总

病害类型	方向	杭苏方向
路肩边沟不洁/m		55
路肩损坏/m²	轻	794.7
	重	0
边坡坍塌/处	轻	0
	中	0
	重	0
水毁冲沟/处	轻	0
	中	0
	重	0
路基构造物损坏/处	轻	0
	中	0
	重	0
路缘石缺损/m	/	0
路基沉降/处	轻	0
	中	0
	重	0
排水系统淤塞	轻/m	40
	重/处	6

2. 路基技术状况评价

根据路基技术状况评价标准，70≤路基技术状况指数＜80，故2012年3月常台高速公路江苏段杭苏方向路基技术状况评价为中。

 本节总结

通过本节内容的学习，掌握路基技术状况的评价方法。本节案例以计算为主，由于路基技术状况指数 SCI 的计算采用累加求和的方法，调查的数据较多，计算容易出现错误，要注意计算的准确性，这样才能确保养护维修对策的合理性。

1.2　路基损坏识别与养护维修

 知识学习

路基包括路肩、边坡、路基排水系统及路缘石、挡墙等部分。根据对路基各部分常见病害形式的调查，同时从病害对路基技术状况影响程度及损坏调查方便性考虑，将路基损坏类型分为八类，并根据严重程度或影响范围，将损坏分为二到三个严重程度等级。以下介绍这八种路基损坏类型的识别、原因分析和养护维修方法。

1. 路肩边沟不洁

路肩边沟包括土路肩、硬路肩和紧急停车带、路基边坡和排水沟等部分。

（1）损坏描述　路肩边沟不洁一般表现为路肩（包括土路肩、硬路肩和紧急停车带）和边沟（包含边坡）有杂物、油渍、垃圾及堆积物，如图1-2所示。

（2）损坏程度　路肩边沟不洁无程度分级。

（3）养护维修方法　路肩边沟的杂物、油渍、垃圾及堆积物要及时清理，否则一方面会影响公路的美观，另一方面路肩部位的杂物垃圾如被风吹至路面或空中也会对行车安全造成一定的威胁。路肩部位的油渍如不及时清理，会对路肩造成腐蚀，造成路肩损坏。

图1-2　路肩边沟不洁

2. 路肩损坏

路肩是路基基本构造的组成部分，由外侧路缘带、硬路肩、保护性土路肩组成。

（1）损坏描述　路肩损坏一般表现为土路肩、硬路肩或紧急停车带表面出现各种损坏，如坑槽、裂缝松散等，沥青路肩和水泥路肩的损坏分别参照沥青路面和水泥路面损坏形式进行识别，土路肩损坏主要指路肩出现的沉陷、坑槽和露骨等损坏，如图1-3所示。

（2）损坏程度

1）轻：按路面损坏分类标准为轻度和中度的损坏都归为轻度路肩损坏。

2）重：按路面损坏分类标准为重度损坏在路肩损坏中也归为重度。

（3）可能的形成原因　排水不畅、雨水冲刷、施工或材料不良、外力作用等是造成路肩损坏的主要原因，此外汽车的紧急停车带检查修理时往往也会给路肩留下千斤顶坑迹及油污，从而形成路肩坑槽等损坏。

图1-3　路肩损坏

（4）养护维修方法

1）土路肩损坏：土路肩的沉陷、缺口应及时修补，恢复原貌，保证无沉陷、缺口；对于高填方的路肩，要及时修补、加固；路肩与路面边缘之间产生裂缝应及时采用M7.5砂浆或其他材料填塞，以避免雨水渗入路基，造成边坡塌陷、滑动，路肩坍塌，损坏路基；路肩横坡不够，影响排水应修整路肩横坡以保证路面水的排放。

2）硬路肩损坏：按相应路面的维修方法进行。

3. 边坡坍塌

（1）损坏描述　边坡坍塌一般表现为路堑边坡发生岩石塌落、缺口、冲沟、沉陷、塌方等。严重的边坡坍塌会堵塞路面、边沟，威胁交通安全，如图1-4所示。

（2）损坏程度

1）轻：坍塌长度小于或等于 5m 的计为轻度损坏。

2）中：坍塌长度介于 5~10m 的计为中度损坏。

3）重：坍塌长度大于 10m 的计为重度损坏。

（3）可能的形成原因　边坡设计坡度过大、切坡过多、岩石风化、洪水冲刷、春融等是引起边坡坍塌的主要原因。

（4）养护维修方法

1）建立完善的排水系统。拦截地表水，疏干地下水，是防治坍塌的有效措施。常用的天沟、侧沟，除考虑流量大小，需具备足够的截面和流水坡外，更应注意防渗措施。在多雨地区，路堑边坡长度大于 30m 者，为缩短表水流程，减少冲刷下渗，应在堑坡中部，设置 1~2 条截水沟。堑坡不高，边坡较缓，塌体趋于稳定者，可在塌体后缘陡坎附近，夯填裂缝，设环形截水沟。

图 1-4　边坡坍塌

地下水必须设渗沟、盲沟、渗管引出，实践经验表明，地下水不疏导，单设坡面防护支挡，都是容易损坏失效的。

2）坡面防护。坡面防护，尤其早铺草皮，是防止地表水冲刷发展形成坍塌的经济、有效措施，且有利环境绿化。坡面上大的冲沟，铺草皮前，可用原土严格夯填整平坡面，避免大量刷方弃土。

不宜铺草皮的风化岩质边坡，应以浆砌片石护坡、护墙或其他设施保护坡面。

3）恢复平衡。边坡中下部坍塌，塌体较厚，塌床较深，边坡较高，清除坍塌体对边坡稳定不利，可能引起病害扩大者，应设浆砌片石挡墙、干砌片石垛等，以加强支撑恢复平衡。通过比较，有的可适当加高挡墙，设墙顶平台，墙后填土，减少塌体清方。

4）及时防护。合理安排施工工序，及时防护，可预防和减少发生坍塌。路堑开挖过程，可以自上而下分级铺草皮等防护，待路堑开挖完成，边坡防护随着完成，缩短坡面暴露时间。开挖路堑时应加强施工临时排水，使边坡脚尽量减少泡水，保持稳定。若已发生坍塌，要及时清除边坡坍方，若清除后的边坡是稳定的，可用原来的方式重做，或用其他坡面防护措施处理。如果边坡仍有可能坍塌，一定要改用支挡结构物进行修补。

4. 水毁冲沟

（1）损坏描述　水毁冲沟是另一种形式的边坡损坏，水毁冲沟一般表现为填方路段的边坡出现冲沟、缺口、沉陷等损坏。水毁冲沟损坏会严重影响路基的稳定性，如图 1-5 所示。

（2）损坏程度

1）轻：冲沟深度小于或等于 0.2m 的计为轻度损坏。

2）中：冲沟深度介于 0.2~0.5m 的计为中度损坏。

3）重：冲沟深度大于 0.5m 的计为重度损坏。

（3）可能的形成原因　高填方路基设计时未按要求进行高路堤稳定性验算、路基压实不够、工程地质不良、路基填料土质差、路基排水不畅或缺乏防护等都会造成水毁冲沟损坏。

（4）养护维修方法　路基边坡出现水毁冲沟病害应进行边坡坡面防护，包括工程防护技术、植物防护技术、路基边坡防排水技术和综合防护技术。

1）工程防护技术。工程防护技术适用于不宜于草木生长的陡坡面。一般采用抹面、捶面、喷浆、勾（灌）缝、坡面护墙等形式。在施工前，应将坡面杂质、浮土、松动石块及表层风化及破碎岩体清除干净。当有潜水露出时，应作引水或截流处理。

图1-5　水毁冲沟

2）植物防护技术。对雨水冲刷形成的冲沟，可选择在雨水较少的季节，清除冲沟范围内的松土，并挖成台阶形，用粘结良好的土填筑压实，修整边坡至与原来保持一致，其上可选择根系发达的植物进行防护。植物防护一般采用铺草、种草和植灌木（树木）形式。应根据当地气候、土质、含水量等因素，选用易于成活、便于养护和经济的植物类种。

3）路基边坡防排水。在对路基边坡进行防护时，一个很重要的环节就是路基边坡的防排水处理。其处理方法可概括为"疏、堵、绿、补"四字方针。

"疏"就是有效地疏导路面积水，使其及时排出路基。要做好水流疏导工作，必须保持跌水槽、急流槽、截水沟、排水沟、路边沟等排水设施的有效性和完好性，保证路面不积水，排水系统水位不受自然因素影响，以确保路堤的稳定。

"堵"就是要堵住已损毁的圬工、砌体的孔隙和裂缝等处的渗漏水，同时还需要降低路基边沟水位，防止地下水位升高渗入路基，对路基造成侵蚀而降低路基强度。堵是对疏的补充，所谓大水要疏，小水要堵。要堵塞住漏水和渗水，就要使硬路肩与土路肩压顶之间、土路肩压顶与边坡防护砌体之间紧密连接，密不透水。没有土路肩压顶的路基，要做好土路肩横坡整理。

此外，还要根据路面宽度，等距离增设排水沟，保持路面排水顺畅。对因材料、结构、沉降、气温、雨水等原因引起的各种收缩缝、沉降缝、裂缝以及沉陷损坏等，要根据不同情况，分别采用沥青麻絮、砂浆、细粒式混凝土等进行填补修复，保证不漏水、不渗水。

"绿"就是在路基边坡种植低矮灌木类植物，通过绿化植物的根系来固土护坡，并且利用植物的枝叶减弱雨水对路基边坡的直接冲刷，保证边坡的稳定性，按公路养护技术规范的要求，搞好边坡绿化种植，可以避免雨水冲刷造成的边坡坍塌。

"补"就是要及时填补边坡缺土。当天气恶劣，土质含水量大，或边坡较陡时，可外掺适量水泥或生石灰粉，用来降低土的含水量，提高边坡填土初期稳定性。补土时，应先将松散、潮湿的土方挖掘出来，整出台阶，然后分层填筑、夯实。每层填土厚度控制在10cm左右，夯击应采用均匀、密集的"鱼鳞夯"法，保证填土密实。回填完毕后整理好坡面，恢复好原坡形并适时补种植物。补土是对绿化工作的一种补充和辅助，两者相辅相成。造成缺土病害的原因大都是由于原路基填土不密实或人为破坏、绿化不到位等，及时补土、适时绿化就显得非常重要。

"疏、堵、绿、补"这四种防治边坡水害的方法，是通过实践总结出来的行之有效的方法。绿和补可以通过植物防护技术实现，疏和堵可结合工程防护技术实现。在实际中要结合具体情况，因地制宜，灵活应用。

4) 综合防护技术。综合防护技术是指将植物防护与工程防护技术有机结合起来，实现共同防护的一种方法，主要考虑边坡加固、边坡水土保持及生态恢复三个方面。通常采用三维网、混凝土、浆砌片（块）石、浆砌卵（砾）石等做骨架形成框格，框格内采用种草或铺草皮，并同时进行边坡防排水处理。其特点是可充分发挥植物防护与工程防护的优点，取长补短，施工简单，施工速度快、效果好。图 1-6 为拱形骨架护坡种植实例图。

图 1-6　拱形骨架护坡种植

5. 路基构造物损坏

（1）损坏描述　路基构造物损坏一般表现为挡土墙等圬工砌体出现断裂、沉陷、倾斜、局部坍塌、松动、较大面积勾缝脱落等损坏，如图 1-7 所示。挡土墙按设置位置分为路堑挡土墙、路堤挡土墙、路肩挡土墙、山体挡土墙；按墙体材料分为石砌挡土墙、混凝土挡土墙、钢筋混凝土挡土墙、钢板挡土墙；按结构形式分为重力式、半重力式、衡重式、悬臂式、扶壁式、锚杆式、桩柱式挡土墙等多种形式。挡土墙损坏主要是指挡土墙滑移、倾覆、沉陷、墙身竖向开裂和横向开裂等病害。此外还有勾缝脱落、表面破损、墙背填土沉陷、基础冲刷淘空、变形缝破损等病害形式。

（2）损坏程度

1) 轻度：破坏长度小于或等于 5m 为轻度损坏。

2) 中度：破坏 5～10m 之间为中度损坏。

3) 重度：破坏大于 10m 为重度损坏。

（3）可能的形成原因

1) 基础埋置过浅。挡土墙的破坏主要表现为滑移、倾覆，其中多是因基础埋置过浅、基底承载力不足或者偏心距过大等原因造成的。趾部下沉、冲刷和淘空易造成挡土墙过度倾斜以致倾覆。基底抗滑和剪切强度不足易造成过度滑动。

图 1-7　路基构造物损坏

2) 墙后排水不良。墙背填土和地基土的含水量增加，从而加大了土体的湿密度，降低了抗剪强度和地基承载力，并产生附加的静水压力、土体的膨胀和冻胀压力。这些变化都加大了墙背所受的主动土压力，使墙身丧失稳定。在季节性冻土地区尤其要注意墙后排水，以免造成墙身开裂和基础上凸。

3) 设计、施工方面存在问题。如断面过小，设计参数选择不当，砌石挤浆不够密实，回填土不符合要求，压实不足等，都会造成墙身剪切破坏、外凸变形、勾缝脱落、石块松动等病害。

4) 养护不及时。当病害发生初期，若不认真检查，很难及时发现，也就不能及时进行养护、修补。或者发现后，未能准确找出真正病害原因，而采取不正确的处治方法，贻误时机，导致严重病害的发生。

(4) 养护维修方法

1) 挡土墙的裂缝、断裂如已停止发展，应立即进行修理、加固，其方法是首先将裂缝缝隙凿毛，清除碎渣和杂物，然后用水泥砂浆填塞。对水泥混凝土或钢筋混凝土裂缝也可用环氧树脂粘合。

2) 挡土墙发生倾斜、鼓肚、滑动或下沉时，可选用下列加固措施：

① 锚固法。它适用于水泥混凝土或钢筋混凝土挡土墙，采用高强钢筋做锚杆，穿入预先钻好的孔内，用水泥砂浆灌满锚杆插入岩体部位，固定锚杆，待砂浆达到一定强度后，对锚杆进行张拉，然后用锚头固紧，如图 1-8 所示。

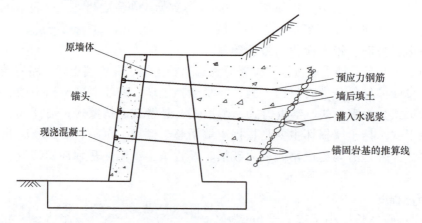

图 1-8　锚固法加固挡土墙

② 套墙加固法。在原墙外侧，加宽基础、加厚墙身，如图 1-9 所示。

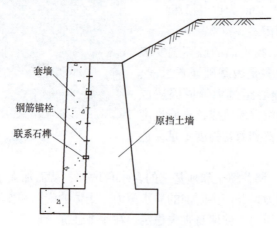

图 1-9　套墙加固挡土墙

施工时,应挖除一部分墙后填土来减少土压力,同时应注意新旧基础和墙身的结合,其方法是凿毛旧基础和旧墙身,必要时设置钢筋锚栓或石榫,也可以在修整过的旧混凝土表面涂混凝土粘合剂以增强新旧墙的连接。墙后回填土必须分层填筑并夯实。

③ 支撑墙加固法。在挡土墙外侧,每隔一定的距离修建支挡土墙,如图1-10所示,以加强破损处断面并增加全墙的稳定性。支挡土墙的基础埋深、尺寸和间距应通过计算确定。

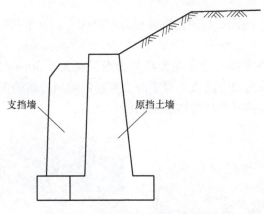

图1-10　支撑墙加固挡土墙

施工时老墙要洗刷干净,除掉不良灰缝,必要时加设连接短钢条,变形裂缝处要压住砂浆。

3) 原挡土墙损坏严重,采用以上加固方法不能达到设计强度要求时,则应考虑将损坏部分拆除重建。为防止不均匀沉降,新旧挡土墙之间应设置沉降缝,并应注意新旧挡土墙接头协调。

4) 路肩墙或路堤墙基础埋置深度不足或基础受冲刷时,可在趾前增设浆砌片石基础墙,抛填和码砌片石防止冲刷,如图1-11所示。护基施工时要注意与前后河岸、结构物衔接圆顺。基础墙应采用适当坡度,不要阻流太多,以免增加局部冲刷。

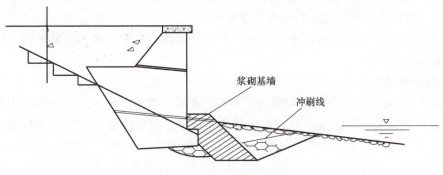

图1-11　挡土墙基础加固

5) 对滑动、下沉破坏的修复。若地基处治工程复杂,可采用干砌块石或码砌石笼进行加固。

6) 挡土墙与边坡连接处易被雨水冲成沟槽或缺口,应及时填补夯实,恢复原状。

6. 路缘石缺损

路缘石包括中央分隔带、路肩边缘和挡水缘石。

（1）损坏描述　路缘石缺损一般表现为路缘石损坏或缺少，如图1-12所示。

（2）损坏程度　路缘石缺损无程度分级。

（3）可能的形成原因　损坏主要是由于发生过车辆事故的路缘石处，没有按照要求重新进行安装。

（4）养护维修方法　路缘石缺损应拆除损坏的路缘石，并重新安装。

7. 路基沉降

（1）损坏描述　路基沉降一般表现为路基出现深度大于30mm的整体下沉，如图1-13所示。路基沉降易发生在高填方路段，严重时会直接影响到公路的正常使用，并导致路面损坏。路面标线扭曲通常是路基发生整体沉降的标志之一。

图1-12　路缘石缺损

图1-13　路基沉降

（2）损坏程度

1）轻：损坏长度小于或等于5m的计为轻度损坏。

2）中：损坏长度介于5~10m的计为中度损坏。

3）重：损坏长度大于10m的计为重度损坏。

（3）可能的形成原因　路基施工时压实不足、填筑方案不合理、地基承载力不足是造成路基沉降的主要原因。

（4）养护维修方法

1）换填土层法。此法适用于填筑土质不符合要求，路基出现下沉但面积不大且深度不深时的情况。此法是将原路基出现病害部分的土挖去，换以强度大、稳定性好的砂砾、卵石、碎石、石灰土、素土等回填，并分层压实，压实度要求高出原路基压实度1~2个百分点为宜。回填时，及时排除流向路基的地面水或处理好地下水。挖补面积要扩大，且逐层挖成台阶状，由下往上，逐层填筑。图1-14为换填土层法现场施工图。

2）反压护道法。此法是在路堤两侧填筑一定宽度和高度的土石反压护道，使路堤下的淤泥或泥炭向两侧隆起的趋势得到平衡，然后填土，恢复到路基标高，从而保证路堤的稳定性的方法，如图1-15所示。

图1-14 换填土层法现场施工图

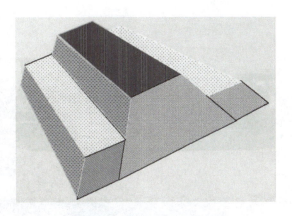
图1-15 反压护道法示意图

3）粉喷桩法。对于处理10m以内路基下沉病害，采用粉喷桩加固技术是较为理想的一种方法。粉喷桩处理软基土是通过专门的机械将粉体固化剂喷出后在地基深处与软土强制搅拌，利用固化剂和软土之间发生的一系列物理、化学反应，在原地基中形成强度较高、刚度较大的桩体，同时也使桩周围土体性质得到改善，桩体与桩间土体形成复合地基共同承担外荷载，如图1-16所示。

4）固化剂法。在处理高填土路基的下沉中，如果更换路基填料受到限制，且填料数量不大时，可在原填料中掺入一定品种与数量的固化剂处理路基病害。

图1-16 粉喷桩法

5）压（灌）浆法。压（灌）浆法是通过注浆管将浆液均匀地注入地层中，浆液以充填、渗透和挤密等方式占据土粒间或岩石裂缝中的空间，经人工控制一定时间后，浆液将原松散的土粒或裂缝胶结成一个整体，形成一个结构新、强度大、防水性能高和化学稳定性良好的"结晶体"，如图1-17、图1-18所示。

图1-17 申嘉湖高速公路水泥固化路基工程

6）注浆法

高压喷射注浆法在20世纪70年代后期最早应用于日本，它是利用钻机把带有喷嘴的注

图 1-18　压浆机现场压浆施工

浆管钻进至土层的预定位置后，以高压设备使浆液或水成为 20~40MPa 的高压射流从喷嘴中喷射出，冲击破坏土体，同时钻杆以一定速度渐渐向上提升，将浆液与土粒强制搅拌混合，浆液凝固后，在土中形成一个固结体。图 1-19 为高压喷射注浆法示意图。

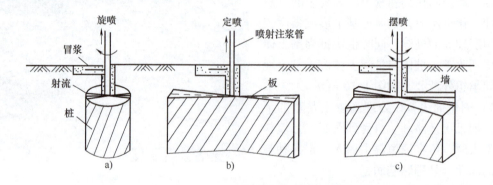

图 1-19　高压喷射注浆法示意图
a) 旋喷形成圆柱形固结物　b) 定喷形成片状固结物　c) 摆喷形成扇形固结物

7) 土工布法。土工布又称土工织物，它是由合成纤维通过针刺或编织而成的透水性土工合成材料。成品为布状，一般宽度为 4~6m，长度为 50~100m。土工布分为有纺土工布和无纺土工布。土工布具有优秀的过滤、隔离、加固防护作用，抗拉强度高、渗透性好、耐高温、抗冷冻、耐老化、耐腐蚀。土工布在高压下具有较大的孔隙率，透水性能好，有优越的垂直、水平排水能力，很高的抗拉强度及隔水作用，能提高路基整体强度，重新分布土基压力，增强路基稳定性。用土工布处理松软地基，与换土工程相比，不但用工少，工期缩短，而且节约工程费用。图 1-20 为土工布应用示意图。

8) 排水固结法。排水固结法是运用堆载预压，并在地基内设置排水井，缩短排水距离，加速固结排水，挤出土中的过多含水，达到挤紧土粒和提高强度的目的。此法适用于均匀的厚黏土层且渗透性小、路堤较高的情况。具体又可分为砂井法、塑料排水板法、超载预压法、真空预压法等。图 1-21~图 1-24 为相关示意图及现场图。

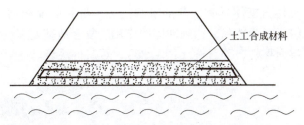

图1-20　路基下部砂垫层中铺设土工合成材料

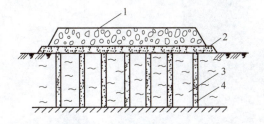

图1-21　砂井堆载预压示意图
1—堆料　2—砂垫层　3—淤泥　4—砂井

图1-22　袋装砂井

图1-23　塑料排水板法施工

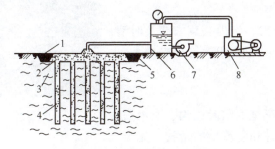

图1-24　真空预压法示意图
1—橡皮布　2—砂垫层　3—淤泥　4—砂井　5—黏土　6—集水罐　7—抽水泵　8—真空泵

9）复合地基处理法。复合地基处理法是在软土路基中采取冲击或振动等方法造成一定直径的钻孔，在孔中灌以水泥、砂、石、灰土、石灰或其他化学固化浆材等材料，捣实而成直径较大的桩体（图1-25），利用横向挤紧作用，使路基土粒彼此靠紧，孔隙减少，而且孔被填满和压紧，形成桩体。桩体具有较高的承载能力，群桩的面积约占松散土加固面积的20%，以致桩和原土组成复合地基，达到加固的作用。复合地基处理法包括挤密法和化学加固法，具体措施有深层搅拌桩、碎石桩（图1-26）、石灰桩法等。

图1-25　水泥土搅拌桩

图1-26　碎石桩法

8. 排水系统淤塞

路基排水设施分为地面排水设施和地下排水设施。地面排水设施通常有边沟、泄水槽、截水沟、排水沟、跌水及急流槽、拦水带等。地下排水设施有明沟、暗沟、渗沟、盲沟以及防水隔离层等。

（1）损坏描述　排水系统淤塞一般表现为各种排水设施发生淤积或堵塞（图1-27）。排水系统淤塞导致路面或路基水无法及时排出，会加剧水对公路的损坏。

（2）损坏程度

1）轻：边沟、排水沟、截水沟等排水系统淤积，但仍可排水，只是过水面积减小。

2）重：边沟、排水沟和截水沟等排水系统全截面堵塞，无法排水。

（3）可能的形成原因　沟内杂草未能及时清除或有垃圾、碎砾石、土等堆积，是造成排水系统淤塞的主要原因。

（4）养护维修方法

地面排水设施：定期全面清除边沟、泄水槽、截水沟、排水沟、跌水井和急流槽的杂物、泥土、

图1-27　排水系统淤塞

杂草，保证排水畅通，沟内无积水；对于损坏的排水设施应及时维修，特别是边沟沟底破坏应及时修补，防止边沟水长期侵蚀路基及其他支挡结构物基础，造成更大的危害。

地下排水设施：借助工程竣工图，掌握地下排水设施的准确位置，并经常观察其排水功能是否完好；对于淤塞严重的排水设施，一定要进行疏通或重做，以免造成更大的危害。

案例分析

保津高速公路河北段路基养护维修案例

一、案例背景资料

1. 工程概况

保津高速公路河北段始建于 1996 年，1999 年 12 月建成通车，西起京珠高速公路（G14）K115 处，东至冀津省界，全长 104.95km，途经徐水、容城、雄县、霸州、安次等县市、区，是贯通京津冀经济圈的重要干线，也是华北、西北地区通往东北地区以及入海、走向世界的"黄金通道"。

2. 保津高速公路河北段路基使用状况调查

2006 年，对保津高速公路河北段路基技术状况进行了调查。调查显示：保津高速公路河北段路基损坏类型主要是路肩损坏、边坡坍塌水毁冲沟，其他病害类型如路基构造物损坏、路缘石缺损，路基整体沉降，排水系统淤塞，路肩边沟不洁出现的比较少。路基典型病害照片如图 1-28 所示：

二、案例分析要求

分析案例背景照片中各种路基病害的发生原因，并给出养护建议。

三、案例分析过程

1. 路肩损坏

路肩损坏主要表现为路肩横向、纵向裂缝。大部分路肩裂缝是经过灌缝处理后重新开裂且缝内已被杂物填塞，个别路段路肩新开裂的纵向、横向裂缝，开裂宽度均大于 5mm 且缝壁散落，支缝多，甚至贯通整个路面。

（1）横向裂缝

1）病害发生原因：沥青路面横向裂缝是半刚性路面结构的典型病害之一。路面横向裂缝通常不是由于荷载引起的，低温收缩或半刚性基层收缩裂缝是产生横向裂缝的主要原因。裂缝起初大多出现于路面两侧，逐渐发展从而贯通全路幅。目前保津高速公路行车道与超车道经过罩面处理后路面状况基本完好，硬路肩裂缝虽经过灌缝处理。但大多数裂级又重新开裂。

2）养护建议：对于缝宽在 5mm 以内的，宜将缝隙刷扫干净，并用压缩空气去尘土后，采用热沥青或乳化沥青（潮湿时）灌缝撒料法封堵，灌入深度为 2/3 的缝宽，填入干净的石屑或粗砂并捣实，将溢出缝外的沥青、石屑及砂清除。缝宽大于 5mm 的，应剔除缝内杂物和松动的缝隙边缘，或沿裂缝开槽后用压缩空气吹净，采用灌注密封胶、砂粒式或细粒式热拌沥青混合料填充捣实，并用烙铁封口，随即撒砂、扫匀。

（2）纵向裂缝

1）病害发生原因：纵向裂缝产生的主要原因可能为路基不均匀沉降或边坡水侵入路基，导致路基横向承载能力不均匀。

2）养护建议：对于路基不均匀沉降，可对局部不均匀沉降区域采取注浆的方法，以控制进一步沉降。裂缝治理时，对于一般规则单一的纵向裂缝缝同横向裂缝的养护方法。

图 1-28　路基典型病害

2. 边坡坍塌、水毁冲沟

1) 病害发生原因：保津高速公路的边坡坍塌、水毁冲沟主要为边坡护坡脱空、坍塌等导致。由于保津高速公路的护坡边沟主要是由混凝土预制块组成，预制块靠水泥砂浆连接，水泥砂浆损坏后，路面水进入护坡引起护坡沉陷、坍塌、脱空。

2) 养护建议：建议对出现边坡坍塌、水毁冲沟病害的边坡护坡进行治理。

3. 路基构造物损坏、路缘石缺损

1) 病害发生原因：保津高速公路路基构造物损坏、路缘石缺损病害主要表现为路缘石损坏。路缘石损坏主要是由于发生过车辆事故的路缘石处，没有按照要求重新进行安装或损坏不严重处未进行处理，造成路缘石与路肩处开裂，导致路面排水直接进入路基引起路基边坡损坏。

2) 养护建议：建议拆除损坏的路缘石，并重新安装。

本节总结

通过本节内容的学习，掌握路基各种病害发生的原因和养护方法，能够进行路基病害原因分析，提出合适的养护方法。本节案例以路基病害分析为主，由于路基病害种类较多，同一种病害存在多种可能原因，分析时往往容易混淆，因此分析要有针对性，要针对具体的病害情况提出养护方法。

 本模块小结

在道路养护工作中，养护人员应首先进行路基技术状况的调查，计算路基技术状况指数 SCI，评价路基技术状况等级，诊断各种路基病害的发生原因，同时考虑路基病害与路面病害的联系，制订合理的养护方案。

 自我测评

一、填空题

1. 路基技术状况的评价指标是_____。
2. 路肩损坏的计量单位是_____。
3. $70 \leqslant SCI < 80$，路基技术状况评价等级为_____。
4. 路基排水设施应保持_____。
5. 路基损坏类型分为_____、_____、_____、_____、_____、_____、_____、_____八类。

二、问答题

1. 路肩损坏可能的形成原因是什么？
2. 路基构造物损坏可能的形成原因是什么？
3. 什么是边坡坍塌病害？
4. 什么是水毁冲沟？其可能的形成原因是什么？
5. 路基沉降病害分为几种程度？其可能的形成原因是什么？

 案例实训

公路路基养护与维修实训

一、已知条件

1. 工程概况

铜川—黄陵一级公路是国道210线陕西境内西安至延安公路的重要组成部分，是陕西省以西安为中心的"米"字形干线公路网主骨架。铜黄公路起于耀县城南杏林村，接西安——铜川一级汽车专用公路全幅路，在耀县城区漆水河设高架桥北上，经耀州窑、黄堡镇，经川口互通式立交后进入王家河，经郭家河、楼子沟隧道、罗圈梁隧道后在 K108+980 处跨漆水河北上，经纸坊村、金锁关互通式立交进半截沟在老窑子沟口进蒿庄梁隧道，出隧道后延石油沟下行至石油沟口,再沿西河下行,经秦家河、西河、在善家河村设互通式立交连接宜君县城,经彭村、王庄科终至黄陵县康岩底。铜黄公路全长93.854km,其中含耀县至川口原半幅一级路拓宽为全幅一级路18.363km。路线计算行车速度平原微丘区为100km/h,山岭重丘区为60km/h,全幅路基宽21.5km,路面宽度19.00m。

2. 路基技术状况调查

2005年对铜川—黄陵一级公路路基调查结果汇总于表1-4、表1-5。

表1-4 铜黄一级公路路基损坏状况汇总

病害类型	路段		SK76+000~SK77+000	SK77+000~SK78+000	SK78+000~SK79+000	XK161+000~XK162+000	XK162+000~XK163+000	XK163+000~XK164+000
路肩边沟不洁/m			50	0	0	0	37	8
路肩损坏/m²	轻		0	100.2	35.3	46.3	0	0
	重		0	0	0	0	0	0
边坡坍塌/处	轻		0	0	0	0	0	3
	中		0	0	0	0	0	0
	重		0	0	0	0	0	0
水毁冲沟/处	轻		0	0	0	0	0	0
	中		0	0	0	0	0	0
	重		0	0	0	0	0	0
路基构造物损坏/处	轻		0	0	0	0	6	5
	中		0	0	10	26	0	0
	重		2	0	0	0	0	0
路缘石缺损/m								
路基沉降/处	轻		0	0	0	0	0	0
	中		0	0	0	0	16	0
	重		0	10	0	20	0	0
排水系统淤塞	轻/m		9	5	0	0	0	0
	重/处		1	0	0	0	0	0

表1-5 铜黄一级公路路基损坏状况

序号	桩号	路基形式	填土高度/挖方深度/m	路堤或路堑边坡	路基填料/边坡土质	排水系统设置状况	排水系统现状	路基防护措施及现状
1	SK76+000~SK76+300	路堤	2.94	1:1.5	黄土	矩形排水沟	排水沟完好,有少量淤积	边坡完整,植被较好,路基无明显沉陷

（续）

序号	桩号	路基形式	填土高度/挖方深度/m	路堤或路堑边坡	路基填料/边坡土质	排水系统设置状况	排水系统现状	路基防护措施及现状
2	SK76+300~SK76+800	路堤	6.0	上部片石护坡1:1.5，下部片石挡土墙1:0.3	黄土	矩形排水沟、蒸发池	排水沟完好，排水通畅	挡土墙下沉10cm
3	SK76+800~SK77+000	路堤	1.7	1:1.5	黄土	矩形排水沟、蒸发池	蒸发池、排水沟完好	浆砌片石拱形骨架护坡，坡顶面破损，距坡顶30cm处有一沿路方向2cm通缝。路基无沉陷
4	SK77+000~SK77+200	路堤	2.22~3.11	1:1.5	黄土	浆砌片石梯形边沟	边沟完好，稍有淤积	边坡完整，植被较好，硬路肩有破损，路基无明显沉陷
5	SK77+200~SK77+500	路堤	2.5	上部水泥抹面1:1.5，下部片石挡土墙1:0.3	黄土		挡墙下为水库泄洪渠	路基沉陷严重，上行线右侧为西河水库，纵缝严重
6	SK77+500~SK78+000	路堤	1.7	1:1.5	黄土		散排	硬路肩破损、剥落。边坡植物防护完整。路基无沉陷
7	SK78+000~SK78+400	路堤	1.5	1:1.5	黄土	浆砌片石梯形排水沟	沟底有破损，排水通畅	边坡植被防护破损
8	SK78+400~SK78+700	路堤	0.5~1.2	1:1.5	黄土	浆砌片石梯形排水沟	边沟完好，排水通畅	局部硬路肩破损
9	SK78+700~SK79+000	无填挖	—	1:1.5	黄土	挡水坎、急流槽		坡面良好，硬路肩局部破损，路基无沉陷
10	XK161+000~XK161+200	路堤	1~2.8	1:1.5	黄土	浆砌片石梯形排水沟	边沟底有剥落	边坡完整，植被完好，路肩局部有破损，路基无明显沉陷
11	XK161+200~XK161+600	路堤	5.2~6.0	1:1.5	黄土	浆砌片石梯形排水沟	排水沟完好，排水通畅	混凝土硬路肩有损坏
12	XK161+600~XK162+000	路堤	8	上部片石护坡1:1.5，下部挡土墙1:0.3	黄土			护坡墙面局部鼓起，路基整体下沉达10cm，最大处达24cm

(续)

序号	桩号	路基形式	填土高度/挖方深度/m	路堤或路堑边坡	路基填料/边坡土质	排水系统设置状况	排水系统现状	路基防护措施及现状
13	XK162+000~XK162+350	路堤	3.0~4.0	浆砌片石路肩墙1:0.3	黄土			行车道路基沉陷
14	XK162+350~XK162+750	路堤	2.0	1:1.5	黄土			浆砌片石边坡,局部脱落,破损,路基无沉陷
15	XK162+750~XK163+000	路堤	1.0	1:1.5	黄土	矩形排水沟	淤积严重	硬路肩有杂物、垃圾堆积
16	XK163+000~XK163+400	路堑	0.5~1.0	1:0.2	硬质岩石岩石	浆砌片石矩形边沟	边沟完好,排水通畅	紧急停车带垃圾堆积,边坡坡面微风化
17	XK163+400~XK163+800	路堑	2.0~3.5	1:0.4	软质岩石	浆砌片石矩形边沟	边沟有破损,排水通畅	边坡坡面微风化
18	XK163+800~XK164+000	路堑	5.3~8.5	1:0.75	中等风化软质岩石	浆砌片石矩形边沟	边沟完好,排水通畅	边坡坡面中等风化,边坡岩石塌落

二、任务要求

任务分工

分　　组	车　　道
第一小组	SK76+000~SK77+000
第二小组	SK77+000~SK78+000
第三小组	SK78+000~SK79+000
第四小组	XK161+000~XK162+000
第五小组	XK162+000~XK163+000
第六小组	XK163+000~XK164+000

各小组按以上任务分工完成以下内容:
1) 结合已知条件对铜黄一级公路的路基技术状况进行评价;
2) 分析所遇各种病害的发生原因,并给出各种病害的处理方法。

三、学习参考资料

《公路养护技术规范》(JTG H10—2009)、《公路技术状况评定标准》(JTG H20—2007)、《公路路基设计规范》(JTG D30—2015)。

模块二

沥青路面养护与维修

 学习目标

通过本模块的学习，了解沥青路面日常养护工作的内容与要求，掌握沥青路面使用质量评价的方法，掌握沥青路面产生各种破损的原因及防治措施，掌握沥青路面罩面设计的方法，了解沥青路面再生技术。能对沥青路面的使用质量进行评价，能分析沥青路面常见病害的原因，能制订沥青路面的初步养护维修方案。培养预防性养护意识，培养技术创新意识，培养施工质量意识，渗透诚信教育，培养施工过程中精细化管理意识，培养严谨的科学态度，培养自主学习、与人合作的精神。

 内容概要

本模块的主要内容包括沥青路面使用质量的评价方法及养护对策，沥青路面的日常养护，沥青路面各种病害的原因及处理方法，沥青路面罩面、封层的特点及适用情况，沥青路面加宽、补强及翻修的方法，旧沥青面层再生利用的方法等。

 先导案例

京沈高速公路宝坻至山海关段病害治理案例

一、案例背景资料

1. 工程概况

京沈高速公路宝坻至山海关段做了两段双幅合计27km的SMA-16沥青路面。沥青材料中、下面层采用加德士70号重交通道路沥青，表面层采用了壳牌SBS改性沥青和玄武岩。中、下面层为石灰岩集料。路面基本情况见表2-1。

表2-1 路面基本情况

名称	桩号	长度/km	路面结构	通车时间
京沈（宝坻-山海关段）	K188+009-K212+512；K248+737-K263+837	双幅27	4cm SMA-16 + 5cm AC-20I + 6cm AC-30I + 19cm 水泥稳定碎石 + 18cm 二灰稳定碎石 + 20cm 石灰稳定土	1999.9

2. 京沈高速公路宝坻至山海关段 SMA 路段使用性能调查结果

该路段设计弯沉为 25.21（0.01mm），路面破损率 $DR=2\%$，其他检测结果见表 2-2。

表 2-2　路面检测结果（平均值）

检 测 时 间	平整度 IRI	横向力系数 SFC	弯沉代表值 (0.01mm)
通车时	1.17	62	2.51
2002.5	1.21	52	14.3

通过现场调查，路面主要病害类型为沉陷、唧浆、网裂、横向裂缝等。其中，行车道轮迹带挖补处沉陷、唧浆等病害现象较为突出，多处小面积挖补连续出现，且挖补部位经车轮作用又出现沉陷、推移等病害现象。另外，路面出现的大量"补中补"现象。调查路段路面存在一定数量的横向裂缝。为进一步确定不同病害类型、不同病害程度情况下的路面结构层破损的深度和范围，选取具有代表性的病害部位及其附近尚未出现病害部位进行对比性钻孔取芯试验，结果详见下表 2-3。

表 2-3　钻孔取芯试验结果

序号	设计桩号	位置	表观描述	结构层厚度/cm 面层			上基层	芯样现场描述 面层	上基层
				上	中	下			
1	K259+103	行车道	沉陷	4.0	5.0	5.0	17.5	芯样完整	芯样存在竖向贯通裂缝
2	K259+095	行车道	良好	4.0	4.8	4.5	17.6	芯样完整	芯样完整
3	K258+430	行车道	网裂、沉陷、唧浆	4.0	—	—	—	上面层芯样完整，中、下面层芯样松散	芯样存在竖向贯通裂缝，局部轻微松散
4	K258+420	行车道	良好（两小块修补之间）	4.5	4.5	5.0	18.6	芯样完整	芯样完整
5	K256+406	行车道	多处连续修补不良（唧浆）之间	4.0	5.0	4.5	17.8	芯样完整	芯样完整
6	K254+240	行车道	修补	13.7			—	芯样完整，下面层底部轻微松散	芯样存在竖向贯通裂缝，局部轻微松散
7	K254+236	行车道	修补	17.2			17.7	芯样完整	芯样完整

钻孔取芯试验及探坑挖验的结果显示：

1）调查路段路面各结构层总体状况基本良好。

2）SMA 沥青混凝土上面层芯样基本完整，各钻孔取芯部位的石灰、粉煤灰稳定级配碎石下基层基本完好，但面层与水泥稳定级配碎石基层粘接较差。

3）无明显沉陷、唧浆、网裂等病害存在的修补部位，面层和基层整体状况是良好的。

4）修补损坏部位的面层和基层存在较轻微的破损现象。

5）出现网裂、唧浆、沉陷的部位，中、下面层和上基层均存在不同程度的松散等病害现象。

6）路面层间内部有滞留水，渗水现象较为明显。

二、案例分析要求

1. 结合已知条件对京沈高速公路宝坻至山海关段 SMA 路段的路面使用质量进行评价并给出相应的维修养护对策。

2. 分析所遇各种病害的发生原因，并给出各种病害的处理方法。

3. 对需要加铺罩面、封层或补强的路段，给出设计方案，并绘制路面结构设计图（包括层间结合层，如黏层、防水层等）。

三、案例分析要点

本案例考核沥青路面病害分析和治理的有关问题，主要涉及沥青路面日常养护工作的内容与要求，沥青路面使用质量评价的方法，沥青路面产生的各种破损原因及防治措施，沥青路面罩面设计的方法等问题。要求根据《公路养护技术规范》（JTG H10—2009）的规定，计算路面性能指标，正确分析本工程沥青路面病害发生的原因并制订针对性的路面养护维修方案。因此，在案例分析时，要根据本案例背景给定的条件，分析每一个病害发生的原因并针对性地提出养护维修对策，最后做罩面设计，恢复道路表面性能，形成完整的养护维修方案。

四、案例分析过程

1. 路面使用性能评价

（1）路面破损状况

路面状况指数 $PCI = 100 - 15 DR^{0.412} = 80$，$70 < PCI < 85$，按现行规范评价对路面损坏状况评价为良。

（2）路面强度

路面强度指数 $SSI = $ 路面设计弯沉值/路段代表弯沉值 $= 25.21/14.3 = 1.76$，$SSI > 1$，按现行规范路面强度指数评价为优。

（3）行驶质量

行驶质量指数 $RQI = 11.5 - 0.75 \times IRI = 10.6 > 8.5$，按现行规范行驶质量指数评价为优。

（4）路面抗滑性能

横向力系数 $SFC = 52 > 50$，按现行规范路面抗滑性能评价为优。

（5）路面的综合评价

$PQI = PCI' \times P1 + RQI' \times P2 + SSI' \times P3 + SFC' \times P4 = 89 > 85$，按现行规范路面综合性能评价为优。

根据《公路养护技术规范》（JTG H10—2009），由于 SSI 为优，PCI 评价为良，故应以日常养护为主，并对局部破损进行小修。但由于该路段局部病害较多，故应对局部病害进行分析和处理。

2. 病害分析及处理措施

（1）病害分析　通过对路面病害调查、钻芯试验等检测结果以及交通量统计资料进行综合分析，得出如下结论：

1) 调查路段路面总体状况基本良好，严重病害（如网裂、唧浆、沉陷）部位的沥青混凝土面层和水泥稳定级配碎石上基层存在有不同程度的破损现象，石灰粉煤灰稳定级配碎石下基层状况良好。

2) 上面层 SMA 沥青玛蹄脂碎石混合料中纤维掺加量偏低，沥青用量偏小，无法将骨料间空隙充分填充饱满，导致调查路段路面普遍存在有透水现象，这是造成各种水损害病变发生的一个主要内因和诱因。

3) 交通量的迅猛增长，大、重型车辆所占比例逐年提升，对于路面的使用性能提出了更高的要求。

4) 日常养护中的零星小面积挖补，仅能起到短期维持作用，不能从根本上解决现有路面病害问题。

5) 在路面病害治理及路面设计、施工过程中，应充分认识到水对路面的破坏作用，对路面的防水、排水和层间粘结应格外重视，采取行之有效的预防性措施。

（2）病害处理措施

1) 对于路面严重网裂、唧浆、沉陷的部位，挖除沥青混凝土面层和松散的水泥稳定级配碎石上基层后重新铺筑。

2) 对于路面多处连续修补和补中补较为集中的路段，铣刨沥青混凝土面层后，根据现场水泥稳定级配碎石上基层的实际状况分别进行治理，对于失去结构强度的层面应进行彻底清理，坏到哪一个深度就处理到哪一个深度。

3. 罩面设计

根据预防性养护的原则，待现有路面病害全面治理完工之后，采取沥青混凝土罩面或微表处等预防性养护措施，对路面防水性能进行全断面改善。罩面设计图如图 2-1 所示。

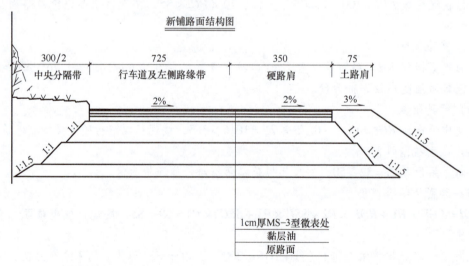

图 2-1 罩面设计图

2.1 沥青路面使用质量的评价方法及养护对策

一、沥青路面的使用质量评价

沥青路面的使用质量评价内容包括路面破损状况、行驶质量、强度和抗滑性能等内容。各项评价内容所用的指标及其关系如图 2-2 所示。

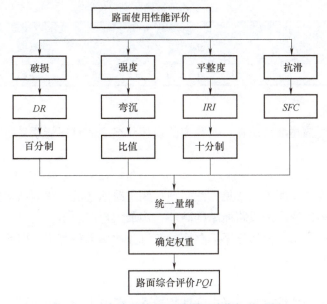

图 2-2　沥青路面的使用质量评价指标关系图

（一）路面破损状况

路面的破损状况反映了路面结构保持完整或完好的程度，直接影响道路的服务水平。在进行路面结构的损坏评价时，须从三方面进行描述：损坏类型；损坏的严重程度；出现损坏的范围和密度。综合以上三方面才能对路面结构破损作出全面的评价。

1. 调查测试的方法

由于各种损坏对路面结构的完好程度和使用性能有不同程度的影响，因此，在评价路面破损状况时必须全面、科学，并对每种破坏规定其明确的定义。目前路面破坏调查广泛采用的是人工目测法。对路面破损的类型及其严重程度的判断可参照现行《公路沥青路面养护技术规范》（JTJ 0732）。

2. 评价指标

每个路段的路面可能出现不同类型、不同严重程度和范围的损坏，其评价指标有所不同。为了定量比较各路段的损坏状况，需要采用一项综合评价指标对路面损坏状况进行评价。目前广泛使用的评价指标主要是根据路面破损的严重程度和范围采用沥青路面破损率 DR 来计算。路面破损率计算公式为 $DR = D/A \times 100 = \sum\sum D_{ij} g K_{ij}/A \times 100$。

式中　　DR——路面综合破损率，以百分数计；
　　　　D——调查路段内折合破损面积（m^2）；
　　　　A——调查路段的路面总面积（m^2）；
　　　　D_{ij}——第 i 种病害和第 j 种轻重程度的实际破损面积（m^2）；
　　　　K_{ij}——第 i 种病害和第 j 种轻重程度的换算系数。

为了计算和评价方便，根据沥青路面破损 DR，可确定路面破损状况指数 PCI 作为路面破损状况的评价指标，PCI 的数值范围为 0~100，计算公式为 $PCI = 100 - 15DR^{0.412}$。

3. 评价标准

路面破损状况指数 PCI 的评价标准见表2-4。

表2-4　沥青路面破损状况评价标准

评价指标＼评价等级	优	良	中	次	差
路面状况指数 PCI	≥85	≥70~<85	≥55~<70	≥40~<55	<40

（二）路面强度

路面强度通常可描述为路面在达到预定的损坏状况之前，还能承受行车荷载作用的次数或使用年限。

1. 测试方法

对沥青路面强度进行评价，常见方法是现场测定路面弯沉。路面结构破坏的原因可能有两类：一是由于过量的变形造成路面结构破坏，用最大弯沉表示；二是由于某一结构层的断裂破坏造成路面破坏，用在荷载作用下路面的弯沉盆曲率半径表示。因此，理想的弯沉测定应包含最大弯沉值和弯沉盆。

2. 评价指标

对沥青路面强度的评价可采用路面强度指数 SSI 作为指标，路面强度指数 SSI 计算公式为 $SSI = $ 路面设计弯沉值 l_d /路段代表弯沉值 l_0。

路面设计弯沉值计算公式为 $l_d = 600 N_e^{-0.2} g A_c g A_s g A_b$。

路段代表弯沉值计算公式为 $l_0 = (\bar{l}_0 + Z_a S) K_1 K_2$。

式中　　Z_a——与保证率有关的系数，高速、一级公路取 1.645、其他公路取 1.5；
　　　　S——路段路表实测弯沉的标准差；
　　　　K_1——季节修正系数，取 1.0；
　　　　K_2——温度修正系数，取 1.0。

3. 评价标准

路面强度指数 SSI 的评价标准见表2-5。

（三）行驶质量

从路面性能的角度来说，影响路面行驶质量的最主要因素是路面平整度。

1. 测试方法

路面平整度的测试技术、测试方法和仪器总体上有两大类型：1) 断面类平整度测定；2) 反应类平整度测定。我国现行规范《公路路基路面现场测试规程》（JTG E60）中规定我国目前路面平整度测定的方法有：3m 直尺、连续式平整度仪、车载式颠簸累计仪。为了适应高等级沥青路面平整度测定的需要，目前较先进的仪器是非接触式断面仪，如激光平整度测试车，该测试车通过安装在测试车上的激光发生器和集光器，并根据光时差原理测定路表面的凹凸状况，测定的路面高程差。结果经系统处理器计算后直接输出国际平整度指数 IRI 值。

表 2-5 沥青路面强度评价标准

评价指标	评价等级 / 公路等级	优	良	中	次	差
路面强度指数 SSI	高速公路、一级公路	≥1.0	≥0.83 ~ <1.0	≥0.66 ~ <0.83	≥0.5 ~ <0.66	<0.5
	其他等级公路	≥0.83	≥0.66 ~ <0.83	≥0.5 ~ <0.66	≥0.3 ~ <0.5	<0.3

2. 评价指标

沥青路面的行驶质量采用行驶质量指数 RQI 评价，行驶质量指数 RQI 由国际平整度指数 IRI 计算。其计算公式为 $RQI = 11.5 - 0.75IRI$。

3. 评价标准

路面行驶质量指数 RQI 的评价标准见表 2-6。

表 2-6 沥青路面行驶质量评价标准

评价指标 \ 评价等级	优	良	中	次	差
行驶质量指数 RQI	≥8.5	≥7.0 ~ <8.5	≥5.5 ~ <7.0	≥4.0 ~ <5.5	<4.0

（四）路面抗滑性能

路面对车辆行驶安全性提供保证的主要是路面的抗滑性能。通常路面抗滑性能可视为轮胎与路面间的摩擦阻力。

1. 测试方法

根据影响路面抗滑性能的因素分析，路面抗滑性能的测试总体上可分为两类：直接法和间接法，测试具体路面的摩擦系数等参数可采用四种方法：制动距离法；锁轮拖车法；偏转轮拖车法；摆式仪法。

2. 评价指标

目前尚未建立较好的路面抗滑性能统一评价指标，根据测试指标的不同，可将摆值 BPN 及横向力系数 SFC 等直接作为评价指标，不同的指标之间可通过相关性分析进行转换。交通部公路研究所曾对摆式仪的摆值 BPN 与 SCRIM 测试车测试结果进行了对比分析，建立了横向力系数 SFC 与摆值 BPN 之间的关系：$SFC = 1.98BPN - 34$。

由于道路表面构造是抗滑性能的决定性因素，为保证行驶安全，应该将反映路表面构造的要素作为抗滑控制指标。对于宏观构造，一般由构造深度 TD 表征，采用铺砂法测定，面层表面的构造深度 TD 决定车辆高速行驶时摩擦系数的降低百分率。TD 越大，摩擦系数的降低百分率越小，反之，越大。微观构造难以野外实测，一般认为面层石料磨光值 PSV 代表了抗滑耐久性的优劣。因此，为了评价更科学、合理，应将 TD 和 PSV 也作为路面抗滑性能的控制指标。

3. 评价标准

路面抗滑系数 SFC 或 BPN 的评价标准，见表2-7。

表2-7 沥青路面抗滑性能评价标准

评价指标 \ 评价等级	优	良	中	次	差
横向力系数 SFC	≥50	≥40 ~ <50	≥30 ~ <40	≥20 ~ <30	<20
摆值 BPN	≥42	≥37 ~ <42	≥32 ~ <37	≥27 ~ <32	<27

（五）路面的综合评价

（1）评价指标　沥青路面的综合评价采用 PQI 作为评价指标，PQI 用分项指标加权计算得出。PQI 的数值范围为 0~100，其值越大，路况越好。

$$PQI = PCI' \times P_1 + RQI' \times P_2 + SSI' \times P_3 + SFC' \times P_4$$

式中 P_1、P_2、P_3、P_4 为相应指标的权重。

建议值见表2-8。PCI'、RQI'、SSI'、SFC' 的赋值见表2-9。

表2-8 P_1、P_2、P_3、P_4 建议值

权重 \ 取值	建议值		
	高速公路、一级公路	二级公路	二级以下公路
P_1	0.25	0.3	0.35
P_2	0.35	0.25	0.2
P_3	0.1	0.25	0.35
P_4	0.3	0.2	0.1

表2-9 PCI'、RQI'、SSI'、SFC' 的赋值

权值 \ 等级	PCI、RQI、SSI、SFC（或 BPN）的评定结果				
	优	良	中	次	差
相应指标的赋值	92	80	65	50	30

（2）评价标准　路面综合评价的评价标准见表2-10。

表2-10 沥青路面综合评价标准

评价指标 \ 评价等级	优	良	中	次	差
路面综合评价指标 PQI	≥85	≥70 ~ <85	≥55 ~ <70	≥40 ~ <55	<40

二、养护维修对策

沥青路面养护质量的评定等级分为优、良、中、次、差5个等级，按现行《公路技术状况评定标准》（JTG H20）评定，并应按以下情况分别采取各种养护对策。

1）在满足强度要求的前提下，当高速公路及一级公路的路面损坏状况指数（PCI）评价为优、良，或者二级及二级以下公路的路面损坏状况指数评价为优、良、中时，以日常养护为

主，并对局部破损进行小修；当高速公路及一级公路的路面损坏状况指数评价为中及中以下，或者二级及二级以下公路的路面损坏状况指数评价为次及次以下时，应采取中修罩面措施。

2）在强度不能满足要求时，应采取大修补强措施以提高其承载能力。

3）当高速公路及一级公路的路面行驶质量指数（RQI）评价为优、良，或者二级及二级以下公路路面行驶质量指数评价为优、良、中时，以日常养护为主；当高速公路及一级公路的路面行驶质量评价为中及中以下，或者二级及二级以下公路的路面行驶质量指数评价为次及次以下时，应采取罩面等措施改善路面的平整度。

4）高速公路及一级公路的抗滑能力不足（$SFC<40$）的路段，或二级及二级以下公路抗滑能力不足（$SFC<35.5$）的路段，应采取加铺罩面层等措施提高路表面的抗滑能力。

5）当路面不适应现有交通量或荷载的需要时，应通过提高现有路面的等级或通过加宽等改建措施提高公路的通行能力和服务质量。

6）大、中修及改建工程的结构类型和厚度，可根据公路等级、交通量、当地经济条件和已有经验，通过设计确定，具体要求应符合《公路养护技术规范》（JTGH10—2009）的有关规定。

案例分析

石黄高速公路 SMA 路段路面养护维修案例

一、案例背景资料

石黄高速公路 SMA 路段沥青采用 AH-70 沥青。主骨料上面层采用玄武岩，中、下面层采用石灰岩。SBS 改性沥青采用 AH-70 沥青掺加 5%~5.5% SBS。石黄高速公路概况见表 2-11。

表 2-11　石黄高速公路 SMA 路段概况

名　称	桩　号	路面结构	通车时间
石黄高速公路	K252+940~K260+910	4cm SMA-16+5cm SAC-25（调整）粗粒式沥青混凝土+6cm SAC-25（调整）粗粒式沥青混凝土+透层油+20cm 水泥稳定级配碎石+20cm 石灰、粉煤灰稳定级配碎石+20cm 水泥、石灰稳定土	1998.12

石黄高速公路 SMA 路段路况调查：路面破损率 $DR=3\%$，设计弯沉 $l_d=20.79$（0.01mm）。表 2-12~表 2-14 为相关检测数据。

表 2-12　弯沉检测结果（0.01mm）

SMA 段	K6	K7	K8	K9	K10	K11	K12	K13	平均值
98 年 12 月	3.67	5.10	4.70	3.40	5.00	4.10	3.80	4.90	$L=4.334$
99 年 12 月	6.04	5.31	5.03	5.51	4.86	5.88	4.99	4.90	$L=5.315$

表 2-13　平整度检测结果

SMA 段	K6	K7	K8	K9	K10	K11	K12	K13	平均值
98 年 12 月	1.173	1.071	1.138	1.099	1.142	1.222	1.234	1.107	$IRI=1.149$
99 年 12 月	1.06	1.08	1.03	1.02	1.03	1.05	1.09	1.10	$IRI=1.058$

表 2-14 横向力系数检测结果

SMA 段	K6	K7	K8	K9	K10	K11	K12	K13	平均值
98 年 12 月	60.1	59.9	60.6	61.9	61.2	60.2	60.8	55.6	$SFC = 60.04$
99 年 12 月	59	47	50	46	43	47	49	50	$SFC = 48.58$

二、案例分析要求

1）评价 1999 年 12 月（通车 1 年后）石黄高速公路 SMA 路面使用质量。
2）提出养护维修对策。

三、案例分析过程

1. 评价指标计算

（1）路面破损状况

路面状况指数 $PCI = 100 - 15DR^{0.412} = 76.4 > 70$ 且 < 85，评定为良。

（2）路面强度

$SSI = $ 路面设计弯沉值/路段代表弯沉值 $= 20.79/6.063 = 3.43 > 1$，评定为优。

（3）行驶质量

行驶质量指数 $RQI = 11.5 - 0.75 \cdot IRI = 10.7 > 8.5$，评定为优。

（4）路面抗滑性能

横向力系数 $SFC = 48.58 > 40$ 且 < 50，评定为良。

（5）路面的综合评价

$PQI = PCI' \times P_1 + RQI' \times P_2 + SSI' \times P_3 + SFC' \times P_4 = 85.4$，评定为优。

2. 维修养护对策

根据使用质量的评价结果，该路面应以日常养护为主，并对局部破损进行小修。

本节总结

通过本节内容的学习，掌握沥青路面使用质量评价的方法，能够提出沥青路面的养护维修对策。本节案例以计算为主，由于评价指标较多，路面调查数据较多，容易出现计算错误，要注意计算的准确性，这样才能确保养护维修对策的合理性。本节内容为后续学习如何制订沥青路面养护维修方案打下基础。

2.2 沥青路面常见病害的原因分析与维修

知识学习

一、沥青路面常见病害维修的要求

1）对各种路面病害应分析其产生的原因，并根据路面的结构类型，设计使用年限，维修季节、气温等实际情况，及时采取相应维修处治措施，防止病害扩大，并应符合沥青路面养护标准。

2）高速公路和一级公路路面病害的维修应采用机械作业，所使用的沥青混合料宜集中厂拌，并采取保温措施，其他等级的公路应逐步提高维修作业的机械化水平。

3）对病害的维修事先应有周密的计划，做好材料准备，保证工序之间的衔接，对坑槽、沉陷、车辙等需将原路面面层挖除后进行机械修补作业的病害，宜当日开挖当日修补，并设置警示标志保障行车安全。

4）修补面积应大于病害的实际面积，修补范围的轮廓线应与路面中心线平行或垂直，并在病害面积范围以外 100~150mm。应采取措施使修补部分与原路面连接紧密。

5）在病害的处治中，凡需重新做面层的，其技术要求应符合现行《公路沥青路面施工技术规范》（JTG F40）的规定；凡需重新做基层的，其技术要求应符合现行《公路路面基层施工技术规范》（JTG 034）的规定。

二、沥青路面常见病害的维修

沥青路面常见病害分为裂缝类、变形类、松散类、其他类四大类。

（一）裂缝类

沥青路面裂缝类病害主要包括横向裂缝、纵向裂缝、龟裂、块裂各类裂缝。

1. 横向裂缝

（1）病害描述　横向裂缝一般是与行车方向几乎垂直的单条裂缝。

（2）病害程度

1）轻度横向裂缝。未处治的横向裂缝，缝宽≤5mm，缝壁无散落或轻微散落，无或少支缝；或者处治的裂缝，效果良好。这两种状况的横向裂缝称为轻度横向裂缝。

2）中度横向裂缝。未处治的横向裂缝，缝宽>5mm且≤20mm，缝壁轻微散落，无或少支缝；或者处治的裂缝，有程度较轻的支缝或轻微失效。这两种状况的横向裂缝称为中度横向裂缝。

3）重度横向裂缝。未处治的裂缝，缝宽>20mm；或者未处治的裂缝，缝宽≤20mm，但缝壁散落较重，有程度较重及较多支缝，或有唧浆、坑塘；或者处治的裂缝，处治效果不好，有较多散落或支缝，或有唧浆、坑塘；这三种状况的横向裂缝称为重度横向裂缝。

（3）计量方法　横向裂缝计量内容主要包括三项：①裂缝最宽处的宽度（mm）；②裂缝长度（m）；③严重程度。如果沿单条横向裂缝的长度上，不同位置具有不同的损坏程度，则分开计量。如果同时有沉陷或其他损坏，也应计量。

（4）可能的形成原因

1）半刚性基层反射裂缝。

2）温度裂缝。通常因为沥青老化、黏度过高或集料与沥青的粘附性不足，造成在冬季低温条件下产生的横向裂缝。

3）施工缝未处理好，接缝不紧密，结合不良。

4）桥梁、涵洞或通道两侧的填土产生固结或地基沉降。

（5）维修方法

1）如果是单条裂缝，可根据裂缝的严重的程度采取如下维修方法：

① 对于轻度横向裂缝，宽度小于 2.5mm 的裂缝可不处治，宽度大于 2.5mm 的可采用清缝灌缝或开槽灌缝等维修方法。

② 对于中度横向裂缝，可采用清缝灌缝或开槽灌缝等维修方法。

③ 对于重度横向裂缝，可采用部分深度修补、全深度修补等维修方法。

2）如果某个路段的裂缝很多，间距很小，则采用铣刨重铺、重建等措施更加经济有效。

2. 纵向裂缝

（1）病害描述　纵向裂缝一般是与行车方向几乎平行的单条裂缝，或者是一系列平行的裂缝，有可能有支缝。

（2）病害程度　纵向裂缝的病害程度分级参照横向裂缝。

（3）计量方法　纵向裂缝的计量方法参照横向裂缝。

（4）可能的形成原因

1）纵缝施工质量不好。

2）路基产生横向不均匀沉降引起的。

3）受荷载作用产生的疲劳裂缝。其通常发生在沥青老化、沥青层较薄等情况下，这种裂缝长度较短。

4）沥青层横向滑动。

（5）维修方法　纵向裂缝的维修方法与横向裂缝相同。

3. 龟裂

（1）病害描述　龟裂一般为一系列互相交叉连接的裂缝，将路面分为块度较小的裂块。龟裂与荷载有关，通常发生在轮迹带处。

（2）病害程度

1）轻度龟裂。初期龟裂，裂缝细，无散落，路表面无变形。初期表现为一系列互相平行的细裂缝，相互交叉连接的裂缝少或没有。主要裂缝宽度在2mm以下，主要裂缝块度0.2~0.5m。这种状况的龟裂称为轻度龟裂。

2）中度龟裂。裂块明显，缝较宽，无或轻微散落，或路表面有轻微变形。初期的平行裂缝逐渐发展为一系列交叉连接的裂缝。主要裂缝宽度在2~5mm，部分裂缝块度<0.2m。这种状况的龟裂称为中度龟裂。

3）重度龟裂。裂缝交叉连接，将路面分成清晰的裂块，裂块破碎，裂缝宽，散落严重，路表面变形明显，急需修理。主要裂缝宽度大于5mm，大部分裂缝块度小于0.2m。这种状况的龟裂称为重度龟裂。

（3）计量方法　龟裂的计量内容主要包括四项：①占多数的裂缝的宽度（mm）；②占多数的裂块的块度（m）；③龟裂影响面积（m^2）。④龟裂严重程度。

计量时主要的困难在于几种不同程度的龟裂常常并存且不好区分。如果几种不同程度的龟裂可以明显区分开，则分别计量。如果不能明显区分开，则均按最高程度的龟裂计量。

（4）可能的形成原因

1）龟裂通常与荷载相关，超载、重载以及路面结构本身的不足都可能造成龟裂。

2）土基、基层局部压实不好，或者渗入的水造成水损坏，使局部结构强度不足。

3）路面厚度不足。

4）沥青含量过低、空隙率过高、沥青层厚度不足、沥青老化等造成沥青层容易开裂。

5）由块裂发展而成。

（5）维修方法

1）如果是局部龟裂，可根据裂缝的严重程度采取如下维修方法：

① 对于轻度龟裂，可采用封层类处治，或表面复苏剂、部分深度修补等维修方法。

② 对于中度龟裂，可采用部分深度修补、全深度修补等维修方法。

③ 对于重度龟裂，可采用部分深度修补、全深度修补等维修方法。

2）如果是大面积龟裂，各种严重程度均采用结构性罩面、铣刨重铺、厂拌再生、重建等方法。

4. 块裂

（1）病害描述　块裂一般为一系列互相交叉连接的裂缝，将路面分为块度较大的裂块。通常块度在50～200cm范围内，与荷载无关，通常发生在整个路面表面上。

（2）病害程度

1）轻度块裂。缝细、裂缝区无散落，裂缝宽度在3mm以内，大部分裂缝块度大于1.0m。

2）重度块裂。缝宽、裂缝区有散落，裂缝宽度在3mm以上，主要裂缝块度在0.5～1.0m之间。

（3）计量方法

块裂计量内容主要包括四项：①占多数的裂缝的宽度（mm）；②占多数的裂块的块度（mm）；③块裂影响面积（m^2）；④严重程度。

通常在同一处只存在一种程度的块裂。如果同时存在几种不同程度的块裂，则分别计量。

（4）可能的形成原因　块裂通常与温度和沥青老化有关。通常发生在沥青老化、硬化的路面上，属于温度开裂。

（5）维修方法

1）对于轻度块裂，可不处治；或采用封层类处治，或采用、表面复苏剂、清缝灌缝以及开槽灌缝等维修方法。

2）对于中度块裂，可采用封层类处治，或清缝灌缝、开槽灌缝及薄层罩面等维修方法。

3）对于重度块裂，可采用铣刨重铺、重建等维修方法。

（二）变形类

沥青路面变形类病害主要包括车辙、沉陷、搓板、波浪、拥包等。

1. 车辙

（1）病害描述　车辙一般表现为轮迹带纵向表面变形凹陷。常常伴有轮迹带两侧的隆起。雨后较深的车辙内可以积水，更容易看到。

（2）病害程度

1）轻度车辙：深度≤15mm的车辙称为轻度车辙。

2）中度车辙：深度>15mm且≤25mm的车辙称为中度车辙。

3）重度车辙：深度>25mm的车辙称为重度车辙。

（3）计量方法　车辙计量内容主要包括三项：①平均深度（mm）；②最大深度（mm）；③长度（m）。

（4）可能的形成原因

1）沥青层或基层压实不足。

2) 沥青混合料骨架嵌挤不良，高温抗车辙能力差。

3) 基层强度不足，局部沉陷。

4) 沥青层与基层之间有不稳定夹层。

（5）维修方法

1) 对于轻度车辙，可不处治，也可采用车辙填补、微表处等维修方法。

2) 对于中度车辙，可采用部分深度修补、全深度修补、罩面、铣刨重铺等维修方法。

3) 对于重度车辙，可采用部分深度修补、全深度修补、罩面、铣刨重铺等维修方法。

2. 沉陷

（1）病害描述　沉陷一般表现为局部路面凹陷，低于周围路表面。它与车辙不同，不局限于轮迹带，可能横跨几个轮迹带，如图2-3所示。

（2）病害程度

1) 轻度沉陷：深度≤15mm 的沉陷称为轻度沉陷。

2) 中度沉陷：深度＞15mm 且≤25mm 的沉陷称为中度沉陷。

3) 重度沉陷：深度＞25mm 的沉陷称为重度沉陷。

（3）计量方法　沉陷的计量内容主要包括三项：①平均深度（mm）；②最大深度（mm）；③面积（m^2）。

（4）可能的形成原因

1) 局部基层或土基软弱或压实不足。

2) 路面下设管道沟渠。

3) 路基不均匀沉降。

图2-3　沉陷

（5）维修方法

1) 对于轻度沉陷，可不处治。

2) 对于中度沉陷，可采用热沥青混合料或者冷补料填补、部分深度修补、全深度修补等维修方法。

3) 对于重度沉陷，可采用部分深度修补、全深度修补等维修方法。

修补时应充分处治造成沉陷的不稳定层位。

3. 搓板、波浪

（1）病害描述　路面产生纵向连续起伏，似波浪状的变形，变形由交替出现的间距规则的波峰和波谷组成。如果拥包连续多个，且间距不小于3m，则作为搓板考虑。

（2）病害程度

1) 轻度搓板、波浪：平均深度≤15mm，对行车影响很小的搓板、波浪称为轻度搓板、波浪。

2) 中度搓板、波浪：平均深度＞15mm 且≤25mm，对行车开始有一定影响的搓板、波浪称为中度搓板、波浪。

3) 重度搓板、波浪：平均深度＞25mm，对行车有较大影响，影响舒适性和安全性，导致行车速度变慢的搓板、波浪称为重度搓板、波浪。

（3）计量方法　搓板、波浪的计量内容主要包括三项：①平均深度（mm）；②最大深度（mm）；③面积（m²）。

（4）可能的形成原因

1）基层或土基软弱。

2）面层与基层之间有不稳定夹层。

3）沥青混合料高温性能不良。

（5）维修方法

1）对于轻度搓板、波浪，可不处治。

2）对于中度搓板、波浪，可采用部分深度修补、全深度修补、铣刨重铺等维修方法。

3）对于重度搓板、波浪，可采用部分深度修补、全深度修补、铣刨重铺等维修方法。修补时应充分处治不稳定的下卧层。

4. 拥包

（1）病害描述　拥包一般表现为局部的、小范围的路面隆起，如图 2-4 所示。大面积的隆起变形通常考虑为冻胀，与拥包相区别。如果拥包连续多个，且间距小于 3m，则作为搓板考虑。

（2）病害程度

1）轻度拥包：平均深度≤15mm，对行车影响很小的拥包称为轻度拥包。

2）中度拥包：平均深度 >15mm 且≤25mm，对行车开始有一定影响的拥包称为中度拥包。

3）重度拥包：平均深度 >25mm，对行车有较大影响，影响舒适性和安全性，导致行车速度变慢的拥包称为重度拥包。

（3）计量方法　拥包的计量内容主要包括两项：①高差（mm）；②面积（m²）。

图 2-4　拥包

（4）可能的形成原因

1）施工时局部沥青过多或细集料集中。

2）基层局部含水量大，使面层与基层间结合不良。

3）基层局部强度不足或水稳性不好，使基层松软。

（5）维修方法

1）对于轻度拥包，可不处治。

2）对于中度拥包，可采用将拥包挖除、部分深度修补、全深度修补、铣刨重铺等维修方法。

3）对于重度拥包，可采用部分深度修补、全深度修补、铣刨重铺等维修方法。修补时应充分处治不稳定的下卧层。

（三）松散类

沥青路面松散类病害主要包括坑槽、松散、麻面、脱皮、啃边等。

1. 坑槽

（1）病害描述　坑槽一般表现为路面上不规则形状的坑洞，通常为碗形。

（2）病害程度

1）轻度坑槽：深度≤25mm 的坑槽称为轻度坑槽，如图 2-5 所示。

2）重度坑槽：深度＞25mm 的坑槽为重度坑槽，如图 2-6 所示。

图 2-5　轻度坑槽　　　　　　　　　图 2-6　重度坑槽

（3）计量方法

坑槽的计量内容主要包括三项：①坑槽深度（mm）；②坑槽面积（m^2）；③严重程度。坑槽深度按照最深的位置计量。

（4）可能的形成原因

1）水分渗入路面，在荷载作用下产生动水压力，造成沥青剥落和材料散失。

2）由疲劳裂缝等其他病害发展而来。

（5）维修方法

1）作为临时性的维修，可以清理坑槽并用热沥青混合料或者冷补料填补。

2）作为永久性的维修，应采用部分深度或全深度修补。

如果在某路段内坑槽很多，损坏程度较重，则铣刨重铺更为经济有效。

2. 松散、麻面

（1）病害描述　松散、麻面一般表现为表面沥青和细集料散失，路面磨损，路表粗糙，出现微坑和剥落等。

（2）病害程度

1）轻度松散、麻面：沥青和集料开始散失，但不明显，这种状况的松散、麻面称为轻度松散、麻面。

2）中度松散、麻面：沥青和集料有少量散失，路面表面纹理开始变得粗糙，有微坑；集料松动，细集料和粗集料开始散失；这种状况的松散、麻面称为中度松散、麻面。

3）重度松散、麻面：集料和沥青散失严重，路面表面纹理非常粗糙，有大量微坑，粗集料大量散失，这种状况的松散、麻面称为重度松散、麻面。

（3）计量方法　松散、麻面的计量内容主要包括两项：①面积（m^2）；②严重程度。

（4）可能的形成原因

1）沥青用量偏低。
2）低气温施工。
3）沥青老化。
4）沥青与集料的粘附性不良。
5）当地有履带交通或者重载超载多。
（5）维修方法
1）对于轻度松散、麻面可不处治，也可采用封层类处治或表面复苏剂等维修方法。
2）对于中度松散、麻面，可采用封层类处治。
3）对于重度松散、麻面，如果是局部松散，可采用部分深度修补；其他情况可采用封层类处治或薄层罩面等维修方法。

3. 脱皮

（1）病害描述　脱皮一般表现为局部沥青面层层状脱落。
（2）病害程度　脱皮无程度分级。
（3）计量方法　脱皮的计量内容主要是面积（m^2）。
（4）可能的形成原因
1）沥青面层与上封层之间粘结不好。
2）上封层初期养护不良。
3）面层与基层之间有水分或夹有泥层，粘结不良。
4）沥青面层层间有水分或夹有泥层，粘结不良。
（5）维修方法
1）对于沥青面层与上封层粘结不好造成的脱皮，清除脱落及松动部分，重做上封层和沥青面层。
2）对于沥青面层层间粘结不良造成的脱皮，清除脱落及松动部分，在下层沥青面上涂刷黏层沥青，重做沥青面层。
3）对于面层与基层之间有水分或夹有泥层造成的脱皮，清除脱落及松动部分，处理好基层表面，喷洒透层沥青，重做沥青面层。

4. 啃边

（1）病害描述　啃边一般表现为路面边缘破碎脱落，宽度10cm以上，如图2-7所示。
（2）病害程度　啃边无程度分级。
（3）计量方法　啃边的计量内容主要是面积（m^2）。
（4）可能的形成原因
1）路面宽度不适应交通量的需要，路肩不密实，机动车会车或超车时碾压路面边缘造成啃边。
2）路肩与路面衔接不平顺，以致使路肩积水，路面边缘湿软，在行车作用下形成啃边。
3）沥青路面两边未设置路缘石或路

图2-7　啃边

基宽度不够。

（5）维修方法

1）可采用粒料加固路肩，使路肩平整坚实。

2）适当加宽路面或路面基层，并设置路缘石。

3）保持路肩应有的横坡，路面与路肩衔接平顺，以利于路面排水。

4）出现大面积啃边，挖出破损边缘，并适当挖深，采取局部加厚面层边部的办法修复。

（四）其他类

沥青路面其他类病害主要包括泛油、磨光、修补损坏、冻胀、翻浆。

1. 泛油

（1）病害描述　泛油一般表现为路表面出现沥青膜，使路面发亮，高温时使路表发黏，可能产生轮印。

（2）病害程度

1）轻度泛油：泛油较少，只有在夏季高温几天内才能观察到，对行车影响很小，这种状况的泛油称为轻度泛油，如图2-8所示。

2）中度泛油：泛油较多，在一年内有几个星期都能明显观察到，对行车开始有一定影响。这种状况的泛油称为中度泛油，如图2-9所示。

3）重度泛油：泛油较多，对行车有较大影响，影响舒适性和安全性，降低路表的抗滑性能。夏季高温时会时路面发黏，并产生轮印。这种状况的泛油称为重度泛油，如图2-10所示。

图2-8　轻度泛油

（3）计量方法　泛油的计量内容主要包括两项：①面积（m²）；②程度。如果同时发生泛油和集料磨光，则不重复计量。

图2-9　中度泛油

图2-10　重度泛油

（4）可能的形成原因

1）沥青含量过高。

2）面层强度不足，后期压实，造成空隙率过低，沥青上浮。

3）面层底部水损坏造成沥青剥落。

（5）维修方法

1）对于轻度泛油，可不处治。

2）对于中度泛油，可采用铺筑 OGFC 抗滑表层、铣刨重铺等维修方法。

3）对于重度泛油，可采用铺筑 OGFC 抗滑表层、铣刨重铺等维修方法。

2. 磨光

（1）病害描述　磨光一般表现为粗集料表面变得光滑，棱角被磨掉，微观纹理丧失，与轮胎之间的摩擦系数降低，如图 2-11 所示，通常发生在轮迹带处。

（2）病害程度　沥青路面磨光病害不进行程度分级。

（3）计量方法　磨光的计量内容主要是面积（m²）。如果同时发生泛油和集料磨光，则不重复计量。

（4）可能的形成原因　造成磨光病害的主要原因是集料的抗磨光值过小。

（5）维修方法　磨光可不处治，或采用封层类处治、薄层罩面、铣刨重铺等维修方法。

3. 修补损坏

（1）病害描述　修补损坏一般为因破损或病害而采取措施进行处治的区域，路表外观上已经修补的部分与其他部分明显不同。

（2）病害程度

1）轻度修补损坏是指修补处于良好状态，基本无病害，如图 2-12 所示。

图 2-11　磨光

图 2-12　轻度修补损坏

2）中度修补损坏是指修补出现中等程度的损坏，行驶舒适性受到影响，如图 2-13 所示。

3）重度修补损坏是指修补严重损坏，行驶舒适性和安全性都受到较大影响，行车速度变慢，修补需要尽快处治，如图 2-14 所示。

（3）计量方法　修补损坏的计量内容主要是面积（m²）。如果单个修补上同时存在几种不同程度，则应分别计量。在计量修补时，修补范围内的其他病害都不再计量。如果修补范围很大，则不应计为修补，应按照新建路面考虑。

图 2-13　中度修补损坏

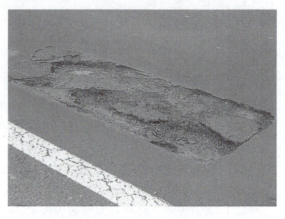

图 2-14　重度修补损坏

（4）维修方法

1）轻度修补损坏可不处治。

2）中度修补损坏可采用清缝灌缝或开槽灌缝、部分深度修补或全深度修补（替换现有修补）等维修方法。

3）重度修补损坏可采用部分深度修补或全深度修补（替换现有修补）等维修方法。

4）土基造成的修补损坏应在替换现有修补之前处治好。

4. 冻胀、翻浆

（1）病害描述　冻胀是指因冬季路基下部的水分向上聚集并结冰，使路面局部或大面积隆起并开裂。而翻浆是指冬季路基中冻胀范围内化冻，使路基软化，路面出现弹簧、破裂、冒浆的现象。

（2）病害程度　沥青路面冻胀、翻浆病害不进行程度分级。

（3）计量方法　冻胀、翻浆的计量内容主要是面积（m^2）。

（4）维修方法

1）对于冻胀，可采用将隆起的沥青路面铣刨平整，待春融后按翻浆处理的方法予以处治。

2）对于翻浆，可采用换填砂粒、打石灰梅花桩或水泥砂砾桩、加深边沟、顺路面边缘设置纵向盲沟、铣刨重铺面层和挖除基层全部松软的部分等维修方法。

 案例分析

宁连高速公路路面养护维修案例

一、案例背景资料

1. 工程概况

宁连高速公路是国家高速公路网规划的长春至深圳高速公路的重要路段。江苏宁淮段、安徽天长段全长 209.7km，起于江苏省南京长江三桥，经安徽省天长市，止于江苏省淮安市，其中江苏宁淮段 195.7km，安徽天长段 14km。该路段与早期建成通车的淮连高速公路相连，直接沟通江苏省南京市与苏北五市，穿越安徽省天长市，构成纵贯江苏南北的一条重要交通大动脉。是苏北地区高速公路骨架网的重要组成部分。宁连高速公路于2006年12月通车。

2. 宁连高速公路路面使用状况调查

2010年6月开始，江苏省交通科学研究院对宁连高速公路路面使用状况进行了调查，调查结果显示：双向路面破损类型主要为修补损坏、横向裂缝及松散，次要病害为坑槽；修补损坏面积占病害折算面积的78.42%，横向裂缝占病害折算面积的12.98%，松散占病害折算面积的8.56%，坑槽病害占病害折算总面积的0.04%。路面典型病害照片如图2-15所示。

二、案例分析要求

分析案例背景照片中K69+660连宁方向第三车道坑槽、K40+230连宁方向横向裂缝、K59+730宁连方向松散、K42+320宁连方向第二车道修补损坏等各种病害的发生原因，并给出各种病害的处理方法。

三、案例分析过程

1. K69+660连宁方向第三车道坑槽

（1）病害发生原因　本案例照片中显示为坑槽深度≤25mm，为轻度坑槽。从照片可分析出坑槽的形成原因主要是水分渗入路面，在荷载作用下的产生动水压力，造成沥青剥落和材料散失。

（2）病害的处理方法　由于该工程为高速公路，2006年刚通车，故选择永久性维修，该路面基层完好，仅面层有坑槽，可采用部分深度修补。修补时按照"圆洞方补、斜洞正补"的原则，划出所需修补坑槽的轮廓线。

部分深度修补工艺流程如下：

1）标出要修补的区域，稍微超出病害区域的边界。区域形状应为矩形，与行车方向平行。用锯、铣削机或手提钻沿着修补区域的轮廓线进行切割。

2）挖出切割范围内的路面结构，包括粒料基层和路基，直至坚实的底层支承。开挖面应顺直、垂直和坚固。在开挖的垂直边缘和底面设置黏层。

3）用新沥青混合料回填开挖区域。

2. K40+230连宁方向横向裂缝

（1）病害发生原因　本案例照片中显示为未处治的横向裂缝，其宽度>5mm且≤20mm，缝壁轻微散落，无支缝，故为中度横向裂缝。由于裂缝表面缝隙较宽，判断为温度裂缝。温度裂缝通常是由于沥青老化、黏度过高或集料与沥青的粘附性不足，造成在冬季低温条件下产生。

（2）病害的处理方法　对于中度横向裂缝，可采用清缝灌缝或开槽灌缝等维修方法。

1）清缝灌缝工艺流程如下：清缝灌缝主要是使用热空气喷枪或压缩空气清理裂缝中的碎屑，然后灌入密封剂进行封缝。

2）开槽灌缝工艺流程如下：采用路面锯或开槽机在裂缝集中处设置一道封料槽，然后填入密封剂。这一措施可以减少或防止水分与异物进入路面结构内部。

注意：清缝灌缝与开槽灌缝的工艺要求完全相同，唯一不同的是处理前对裂缝的准备工作。

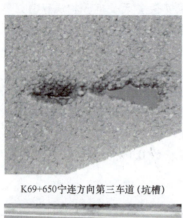 

K69+650宁连方向第三车道(坑槽)　　K69+660连宁方向第三车道(坑槽)

K40+080宁连方向(横向裂缝)　　K40+350宁连方向(横向裂缝)

K40+230连宁方向(横向裂缝)　　K49+550宁连方向(横向裂缝)

K59+730宁连方向(松散)　　K42+320宁连方向第二车道(修补损坏)

图 2-15　路面典型病害

3. K59+730 宁连方向松散

（1）病害发生原因　本案例照片显示集料和沥青散失严重，路面表面纹理非常粗糙，有大量微坑，粗集料大量散失，故为重度松散。松散的形成原因可能是沥青用量偏低、低气温施工、沥青老化、沥青与集料的粘附性不良等。

（2）病害的处理方法　照片中显示该重度松散是局部松散，可采用部分深度修补。方法同 K69+660 连宁方向第三车道坑槽。

4. K42+320 宁连方向第二车道修补损坏

（1）病害发生原因　本案例照片显示修补处于良好状态，基本无病害，为轻度修补损坏。

（2）病害的处理方法　轻度修补损坏可不处治。

本节总结

通过本节内容的学习，掌握沥青路面各种病害发生的原因和维修方法，能够进行沥青路面病害原因分析，提出合适的养护维修方法。本节案例以沥青路面病害分析为主，由于沥青路面病害种类较多，同一种病害存在多种可能原因，分析时往往容易混淆，此外分析是要有针对性，要针对具体的病害情况提出养护维修方法。本节内容为后续学习如何制订沥青路面养护维修方案打下基础。

2.3　沥青路面罩面技术

知识学习

一、罩面类型

沥青路面罩面按其功能划分为普通型罩面（简称罩面）、防水型罩面（简称封层）和抗滑层罩面（简称抗滑层）三种。

二、普通型罩面（简称罩面）

1. 适用范围

罩面主要适用于消除破损，恢复原有路面平整度，改善路面性能的修复工作。

2. 材料要求

1）罩面的沥青结合料宜使用性能较好的黏稠型道路石油沥青、乳化石油沥青、改性乳化沥青、改性沥青。

2）矿料应选用耐磨、强度高、水稳定性好的石料。

3）高速公路、一级公路宜采用中粒式、细粒式密级配沥青混凝土 AC 或沥青玛蹄脂 SMA；二级及以下公路可采用热拌沥青碎石混合料；三级及以下公路可采用沥青表面处治。

4）所采用的沥青结合料、矿料规格、各项技术指标应符合现行《公路沥青路面施工技术规范》（JTG F40）和其他有关规范的规定。

3. 厚度要求

1）罩面厚度应根据路段的交通量、公路等级、路面状况、使用功能等综合考虑确定。

2）当路面损坏状况指数、行驶质量指数在中、良等级，路面仅有轻度网裂时，可采用较薄的罩面层（厚 10~30mm）。

3）当路面破损、平整度、抗滑三项指标都在中等以下，要求恢复到优、良等级时，应采用较厚的罩面层（厚 30~50mm）。

4）一般情况下，高速公路、一级公路罩面宜采用 40~50mm 的厚度；其他公路可采用较薄的罩面层（厚 10~40mm）。

5）各级公路的罩面厚度不得小于最小施工层厚度。

三、防水型罩面（简称封层）

1. 适用范围

封层主要适用于提高原有路面的防水性能、平整度和抗滑性能的修复工作。

2. 材料要求

1）罩面的沥青结合料宜采用乳化石油沥青、改性乳化石油沥青。

2）矿料宜选用耐磨、强度高、水稳定性好的石料。

3）高速公路、一级公路可采用微表处养护，其他等级公路可采用稀浆封层养护。

4）所采用的沥青结合料、矿料规格、各项技术指标应符合现行《公路沥青路面施工技术规范》（JTG F40）和其他有关规范的规定。

3. 厚度要求

1）交通量较大、重型车较多的路段宜采用厚约 10mm 的封层。

2）在中等交通量路段宜采用厚约 7mm 的封层。

3）在交通量小、重型车少的路段采用厚约 3~4mm 的封层。

四、抗滑层罩面（简称抗滑层）

1. 适用范围

抗滑层主要适用于提高路面抗滑能力的修复工作。

2. 材料要求

1）高速公路、一级公路选用重交通道路石油沥青、改性石油沥青、改性乳化石油沥青作为结合料。

2）选用抗滑耐磨的石料，磨光值应大于 42。

3）选择适合铺筑抗滑表层的沥青混合料，如中粒式、细粒式密级配沥青混凝土 AC-C、开级配抗滑磨耗层 OGFC、沥青玛蹄脂碎石 SMA、热拌沥青碎石、沥青表面处治、乳化沥青封层等。

4）所采用的沥青结合料、矿料规格、各项技术指标应符合现行《公路沥青路面施工技术规范》（JTG F40）和其他有关规范的规定。

3. 厚度要求

1）用于高速公路、一级公路时宜采用不小于 40mm 的厚度。

2）用于二级公路时，宜采用中粒式、细粒式沥青混凝土结构，也可采用热拌沥青碎石或沥青表面处治结构，厚度不得小于最小施工层厚度。

3）用于三级、四级公路时可采用乳化沥青封层结构，厚度可为 5～10mm。

五、施工要求

《公路沥青路面施工技术规范》（JTG F40）有关规定要求：

1）对确定罩面的路段，在罩面前必须完成各种病害的处治修复工作，并清除路面上的泥土杂物。

2）罩面前必须喷洒黏层沥青，确保新老沥青层的结合。有条件时，洒黏层沥青前最好用机械打毛处理。

3）当气温低于10℃或路面潮湿时，不得浇洒黏层沥青，不得摊铺沥青罩面层。

案例分析

开封至商丘高速公路路面养护维修案例

一、案例背景资料

1. 工程概况

河南省商丘至开封高速公路于2001年12月通车。该公路是国家高速公路网总体规划中的"两横"之一——连云港至新疆霍尔果斯国道主干线的一个重要组成部分。它东起河南省商丘永城市芒山镇，西止于开封市马尾村，与已建成的开封至洛阳高速公路相连，全长203.28km。它的建成通车对改善投资环境，缩短河南与沿海的距离，促进沿线地区的资源开发与利用，带动相关产业发展以及全省乃至全国高速公路主框架的形成，都具有重要意义。商开路设计行车速度为120km/h，路基宽26m，双向四车道全封闭。建有互通式立交9座，分离式立交83座，各类通道418道。

2. 开封至商丘高速公路路面使用状况调查

开封至商丘高速公路（下行 K468+000～K470+000 南幅）路况调查结果显示：该路段行车道普遍存在轻度车辙，深度为1.0cm左右，局部可达2.0cm，开裂破损处渗水严重。该路段横向裂缝121.28m²，龟裂88.69m²，松散55.97m²，严重路段横缝12～16m²，松散33m²，沉陷及坑槽基本没有。

二、案例分析要求

对开封至商丘高速公路（下行 K468+000～K470+000 南幅）路段给出加铺罩面或封层设计方案，绘制路面结构设计图（包括层间结合层，如黏层、防水层等），进行微表处配合比设计，并编写施工方法。

三、案例分析过程

1. 路面封层结构设计

本案例车辙深度为1.0cm左右，局部可达2.0cm，还存在开裂破损处严重渗水、横向裂缝、龟裂、松散等病害，故可采用微表处进行修复。微表处是一种功能完善的道路养护技术，不仅可以迅速恢复和改善路面的磨损、老化、松散等病害，提高路面的抗滑性，改善路面平整度和行车舒适性，提高路面的使用性能和耐久性，还可作封水处理，处治路面水损害。微表处设计方案为：洒布黏层油+1cm厚MS-3型微表处。微表处的设计图如图2-16

所示。

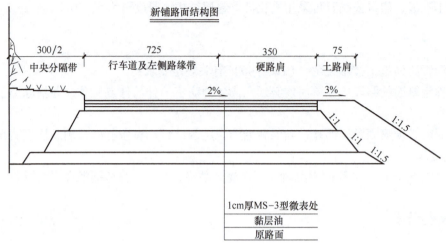

图 2-16 路面微表处设计图

2. 微表处配合比设计

（1）微表处混合料的原材料要求

1）改性乳化沥青。改性乳化沥青是微表处的粘结材料。其质量的好坏对封层质量的影响最直接、最明显。为了达到尽快开放交通的要求，乳化剂必须是慢裂快凝型的阳离子乳化剂，且不能对沥青性能造成影响。本工程采用壳牌公司生产的阳离子慢裂快凝型改性乳化沥青。具体技术要求见表 2-15。

表 2-15 微表处用改性乳化沥青技术要求

试验项目		指标范围	试验方法
筛上剩余量（1.18mm 筛），（%）		≤0.1	T0652
电荷		阳离子正电（＋）	T0653
恩格拉黏度 E_{25}		3~30	T0622
沥青标准黏度 $C_{25,3}$ (s)		12~60	T0621
蒸发残留物含量，（%）		≥60	T0651
蒸发残留物性质	针入度（100g, 25℃, 5s），（0.1mm）	40~100	T0604
	软化点，（℃）	≥57	T0606
	延度（5℃），(cm)	≥20	T0605
	溶解度（三氯乙烯），（%）	≥97.5	T0607
贮存稳定性	1 天，（%）	≤1	T0655
	5 天，（%）	≤5	

2）集料。试验所用集料由玄武岩和石灰石混合而成，其中粗集料为玄武岩，细集料为

石灰石。

3）填料。微表处矿料中可以掺加矿粉、水泥、消石灰等填料。填料应干燥、疏松、无结团，并应符合《公路沥青路面施工技术规范》（JTG F40）中的相关要求。

（2）微表处混合料的矿料级配　微表处的矿料级配组成应满足表2-16要求。

表2-16　微表处矿料级配组成要求

级配类型	通过下列筛孔（方孔筛mm）的质量百分率（%）							
	9.5	4.75	2.36	1.18	0.6	0.3	0.15	0.075
MS-3	100	70-90	45-70	28-50	19-34	12-25	7-18	5-15

（3）微表处混合料的技术要求　微表处的级配组成必须符合一定的级配标准。本案例采用MS-3型级配。微表处混合料的室内试验指标应满足表2-17的要求。

表2-17　微表处混合料技术指标要求

试验项目	标　　准
可拌和时间（35℃）不小于（s）	60
黏聚力试验（35℃）不小于（N·m） 30min（初凝时间） 60min（开放交通时间）	 1.2 2.0
负荷车轮粘附砂量不大于（g/m²）	450
湿轮磨耗损失　浸水1h不大于（g/m²） 　　　　　　　浸水6h不大于（g/m²）	540 800
轮辙变形试验的宽度变化率不大于（%）	5

3. 施工方法

本案例微表处施工方法为：

1）微表处施工前应先清除原路面上的松散材料、泥土、各种杂物等。如果用水冲洗路面，则要使所有的路面裂缝完全干燥后才能进行微表处施工。

2）摊铺前应画线放样。摊铺时全程控制调节集料、填料、水、乳液的配合比，搅拌形成的混合料应具有良好的施工和易性以保证混合料在摊铺箱中分布均匀。

3）摊铺施工时要控制稀浆封层铺筑机匀速前进，确保铺筑厚度均匀。起点、终点及纵向接缝在摊铺后应立即进行人工整平，纵向接缝应尽可能设置在车道标线上。

4）混合料在拌和及摊铺中应保持浆状均匀，不得含有多余水分和乳液，不能出现乳液及细集料与粗集料离析现象。

5）施工时应保证车道分隔线处的微表处摊铺成一条直线。不得有松散现象，并对摊铺末端进行处理以保持直线端口。

6）施工结束后，必须将场地清理干净。

7）稀浆封层铺筑后需进行早期养护，待乳液破乳、水分蒸发、干燥成形后开放交通自然碾压。禁止路面固化成形前车辆和行人进入。

本节总结

通过本节内容的学习，掌握沥青路面各种罩面的适用范围、材料要求、厚度要求、施工方法，能够进行沥青路面罩面结构设计和配合比设计。本节案例以沥青路面罩面设计为主，沥青路面罩面设计要有针对性，要针对具体的病害情况提出合适的罩面形式。本节内容为后续学习如何制订沥青路面养护维修综合方案打下基础。

本模块小结

目前绝大部分道路工程路面均采用沥青路面，沥青路面养护与维修是从事道路工程施工、养护人员常遇到的问题。在沥青路面养护工作中，路面养护人员应首先进行沥青路面路况调查，计算各项评价指标，给出养护维修对策，诊断各路面局部病害的发生原因，制订养护维修方案。

自我测评

一、填空题

1. 沥青路面行驶质量评价指标是_____。
2. 沥青路面罩面按其使用功能分为_____、_____和_____三种。
3. 沥青类路面 PCI 的数值越_____，路况越好；SSI 越_____，路面强度越高。
4. 沥青路面坑槽采用挖补法修补时，按照_____原则。
5. 稀浆封层的作用有_____、_____、_____和_____。

二、单项选择题

1. 沥青路面滑移裂缝产生的原因主要是（   ）。
   A. 面层松散 B. 面层和基层结合差
   C. 路基不均匀沉降 D. 基层厚度不足
2. 行车道沥青路面上某处同时出现了车辙和唧浆，最有可能的病害是（   ）。
   A. 结构性破坏 B. 水损害
   C. 高温失稳型车辙 D. 压密型车辙
3. 沥青路面坑槽属于（   ）。
   A. 裂缝类病害 B. 变形类病害
   C. 松散类病害 D. 其他类病害
4. ES-2 型乳化沥青稀浆封层层厚一般为（   ）。
   A. 2.5~3mm B. 4~6mm C. 7~9mm D. 8~10mm
5. 二级或二级以下公路的路面状况指数评价为次及次以下，应采用（   ）。
   A. 日常养护 B. 小修 C. 中修 D. 大修
6. 一般不可能是沥青路面横向裂缝的是（   ）。
   A. 反射裂缝 B. 温度收缩裂缝

C. 路基纵向不均匀沉降　　　　　　　D. 中央分隔带进水

7. 沥青路面车辙属于（　　）。
A. 裂缝类病害　　B. 变形类病害　　C. 松散类病害　　D. 其他类病害

8. MS-3 型微表处层厚一般为（　　）。
A. 2.5～3mm　　B. 4～7mm　　C. 7～9mm　　D. 8～10mm

三、多项选择题

1. 造成沥青路面面层裂缝的原因有（　　）。
A. 基层温缩和干缩　　　　　　　　B. 沥青面层用油量过高
C. 沥青结合料延性较差　　　　　　D. 沥青结合料老化

2. 沥青路面结构性破坏可能会导致（　　）。
A. 泛油　　B. 车辙　　C. 网裂　　D. 沉陷

3. 下列哪些属于沥青路面横向裂缝产生的原因（　　）。
A. 路基纵向不均匀沉降　　　　　　B. 基层反射裂缝
C. 温度收缩裂缝　　　　　　　　　D. 路基横向不均匀沉降

4. 下列哪些属于沥青路面纵向裂缝产生的原因（　　）。
A. 中央分隔带进水　　　　　　　　B. 拓宽路段的新老路面交界处沉降不一
C. 基层过厚　　　　　　　　　　　D. 自由水侵入路堤边部下面地基

5. 关于半刚性基层沥青路面温度裂缝的说法正确的是（　　）。
A. 温度裂缝上宽下窄
B. 沥青路面温度裂缝一般为横向裂缝
C. 沥青面层越薄越不易产生温度裂缝
D. 可在面层和基层间设置应力吸收层防治温度裂缝

6. 下列可能引起沥青路面车辙的是（　　）。
A. 水损害　　　　　　　　　　　　B. 结构性破坏
C. 沥青用量过多　　　　　　　　　D. 粗集料用量过多

7. 关于沥青路面拥包病害的说法正确的是（　　）。
A. 表面处治用层铺法施工，施工中洒沥青不够均匀易导致施工拥包
B. 属变形类病害
C. 对于基层原因引起的拥包，可铲除拥包再将表面处治平整即可
D. 面层沥青用量过多或细料集中易产生较严重拥包

8. 关于沥青路面坑槽病害的说法正确的是（　　）。
A. 属变形类病害
B. 通常是由于水进入开裂的表面使基层软弱而形成的
C. 仅面层有坑槽时可采用热补法修补
D. 因基层局部强度不足而形成坑槽的应先处治基层，再修复面层

9. 下列可能引起沥青路面泛油的是（　　）。
A. 水损害　　　　　　　　　　　　B. 结构性破坏
C. 沥青混合料空隙率过小　　　　　D. 温度过高及超重车较多

10. 关于沥青路面抗滑层罩面的说法正确的是（　　）。

A. 抗滑层罩面集料可选用玄武岩
B. 高速公路可采用细粒式 AC 作为抗滑层罩面
C. 高速公路抗滑层罩面厚度≥4cm
D. 高速公路可采用可采用微表处作为抗滑层罩面

四、问答题

1. 什么是沥青路面车辙？
2. 试述沥青路面坑槽病害发生的原因，以及采用挖补法维修处理面层坑槽的施工程序。
3. 什么是沥青路面泛油？
4. 沥青面层含油量高，且已形成软层的严重泛油路段如何处理？
5. 什么是罩面？

案例实训

沥青路面养护与维修实训

一、已知条件

1. 工程概况

广佛高速公路位于广州市西北面，东接广州北环、西环高速公路，经南海市泌涌、里水、雅瑶、大沥至南海市谢边，与广三高速公路、佛开高速公路连接，全长 15.7km，于 1989 年建成通车。路基宽 26m，路面为沥青混凝土，少量为水泥混凝土，4 车道上下分道行驶，中央设 3m 宽分隔带，两侧铺设硬路肩。经过几年的行车以及软基路段工后沉降后，路线纵横坡度与原设计产生了较大的变化。为了满足日益增长的交通量，保证行车的安全、舒适、顺畅，广佛高速公路公司于 1992 年 10 月对该路段进行了路面的调平。为缓解交通压力，广佛路于 1999 年 10 月进行了加宽扩建，沙贝至雅瑶段单向加宽两车道（从中央分隔至硬路肩分别为超车道，主 1 车道、主 2 车道、主 3 车道，车道布置平面图见图 2-17），主 1 车道从通车运营开始就是主车道，主 2 车道处于旧路面硬路肩与扩建路面的交界处，路基宽度变为 41.5m（八车道）；雅瑶至谢边单向加宽一车道，路基宽度变为 33.5m（六车道）。

主线现路面结构从上到下依次为 4cm AC-16I +5cm AC-25Ⅱ +6cm AM-25 +25cm 水泥稳定石屑 +28cm 水泥稳定土，见图 2-18 所示。水泥稳定石屑采用厂拌法施工，水泥稳定土采用路拌法施工。

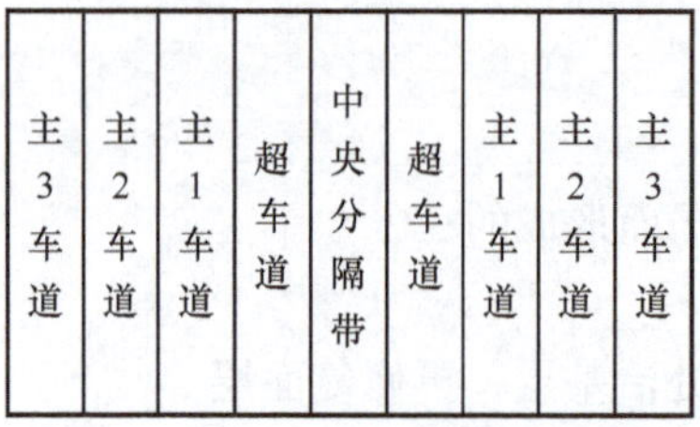

图 2-17 车道布置平面图 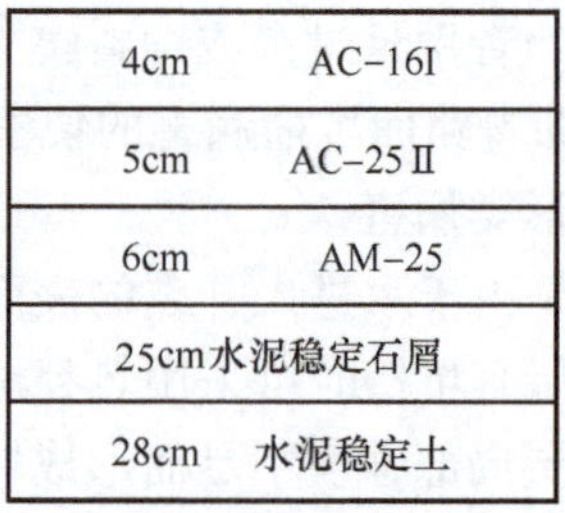　　　　图 2-18 主线现路面结构

2. 路况调查

（1）破损调查　广佛路破损调查资料显示两个方向破损类型及各种破损所占比例基本

相同，破坏形式主要以裂缝、沉陷、龟裂和车辙为主，个别路段伴有唧浆病害，为进一步确定不同病害类型、不同病害程度情况下的路面结构层破损的深度和范围，选取具有代表性的病害部位及其附近尚未出现病害部位钻孔取芯，广州至佛山方向取芯结果详见表2-18。

表2-18 广州至佛山方向取芯结果

位置	表观描述	结构层厚度/cm				芯样现场描述	
		面层			基层	面层	基层
		上	中	下			
超车道	车道靠中央带边缘纵裂	4.0	5.0	5.8	22.8	上、中、下面层芯样存在竖向贯通裂缝	芯样存在竖向贯通裂缝，局部松散
	沉陷、龟裂	4.0	5.0	5.5	19.0	面层和基层脱落，基层芯样松散	
	车辙（轮迹带下陷，两侧隆起，槽深4cm）	3.3	4.1	5.6	23.8	芯样完整	芯样完整
	良好	4.0	4.9	5.9	24.8	芯样完整	芯样完整
主1车道	纵向断续的沉陷、龟裂	4.0	5.0	5.6	18.5	芯样完整	芯样存在竖向贯通裂缝，松散
	龟裂、沉陷、唧浆	4.0	5.0	5.8	23.5	上面层芯样完整，中、下面层芯样松散	芯样存在竖向贯通裂缝，局部轻微松散
	滑移裂缝	4.0	5.0	5.9	23.8	面层和基层脱落	
	良好	4.0	5.0	5.9	23.8	芯样完整	芯样完整
主2车道	加宽接缝纵向裂缝、裂缝右侧沉陷8cm	4.0	5.0	5.8	24.2	上、中、下面层芯样存在竖向贯通裂缝	芯样存在竖向贯通裂缝
	龟裂、沉陷、泛油	4.0	4.9	5.6	22.5	上面层芯样表面沥青聚集，中、下面层芯样松散	芯样局部松散
	补块处坑槽	3.6	4.9	5.5	21.5	上面层芯样表面松散，中、下面层芯样局部松散	芯样完全松散
	良好（两小块修补之间）	4.0	5.0	5.9	24.6	上面层芯样完整，中、下面层芯样局部松散	芯样完整
主3车道	路肩下沉、车道外侧边缘纵裂	4.0	5.0	5.7	23.8	上、中、下面层芯样存在竖向贯通裂缝	芯样存在竖向贯通裂缝，局部松散
	车辙（轮迹带下陷，两侧隆起，槽深5cm）	3.2	4.3	5.5	23.8	上面层芯样局部松散，中面层芯样底部松散，下面层顶部松散	芯样局部松散
	横向贯穿车道裂缝	4.0	5.0	5.9	24.2	上面层芯样存在竖向裂缝，未贯通，中、下面层完整	芯样完整
	良好	4.0	5.0	5.8	23.8	芯样完整	芯样完整

佛山至广州方向取芯结果详见表2-19。

表2-19 佛山至广州方向取芯结果

位置	表观描述	结构层厚度/cm				芯样现场描述	
		面层			基层	面层	基层
		上	中	下			
超车道	贯穿车道的横向裂缝	4.0	5.0	5.6	23.2	上、中、下面层芯样存在竖向贯通裂缝	芯样存在竖向贯通裂缝,裂缝较面层更宽
	轮迹带上纵向断续网裂沉陷带	4.0	5.0	5.5	18.0	面层基本完整	厚度较薄,材料破碎
	靠近桥梁部分路面有横向裂缝,裂缝两侧有错台	4.0	5.0	5.6	21.8	上、中、下面层芯样存在竖向贯通裂缝	芯样存在竖向贯通裂缝
	良好	4.0	4.9	5.6	24.8	芯样完整	芯样完整
主1车道	沿轮迹带轻微车辙内存在纵向裂缝	4.0	4.9	5.7	20.5	上、中、下面层芯样存在竖向贯通裂缝	芯样上部存在竖向裂缝,材料局部破碎
	坑槽、唧浆	4.0	4.9	5.6	19.5	上、中、下面层芯样松散	芯样完全松散
	沿行车轨迹黑色发亮,片状油斑布满车道	4.1	4.9	5.8	24.8	上面层沥青较多,中、下面层沥青较少	芯样完整
	良好	4.0	5.0	5.9	24.6	芯样完整	芯样完整

主线路面破损统计评价汇总见表2-20。

表2-20 主线路面破损统计评价汇总

车道		综合破损率(%)
广州至佛山	超车道	7.25
	主1车道	9.08
	主2车道	22.96
	主3车道	8.36
佛山至广州	超车道	8.21
	主1车道	18.86

(2)交通量调查 通过对交通量的调查与分析,广佛路自1989年通车以来,交通量迅猛增长,到1996年已趋于饱和,尽管1999年扩建为6~8车道,但从目前来看,交通量仍然非常拥挤并且重车多、超载严重,到2001年,如不计超载,一个车道累计轴次达到1586万次,已远远超过设计轴载810万次。

(3)弯沉测量结果 弯沉测量结果见表2-21。

表 2-21 弯沉测量结果

检测和统计的位置		代表值（0.01mm）	设计值（0.01mm）
广州至佛山	超车道	20.48	24.9
	主 1 车道	32.98	24.9
	主 2 车道	34.6	24.9
	主 3 车道	22.09	24.9
佛山至广州	超车道	16.58	24.9
	主 1 车道	35.68	24.9

（4）平整度检测结果　平整度检测结果见表 2-22。

表 2-22 平整度检测结果

检测和统计的位置		IRI 平均值
广州至佛山	超车道	4.315
	主 1 车道	8.315
	主 2 车道	10.875
	主 3 车道	6.518
佛山至广州	超车道	5.615
	主 1 车道	9.365

（5）横向力系数检测结果　横向力系数检测结果见表 2-23。

表 2-23 横向力系数检测结果

检测和统计的位置		SFC 平均值
广州至佛山	超车道	38.51
	主 1 车道	29.78
	主 2 车道	23.38
	主 3 车道	37.83
佛山至广州	超车道	35.61
	主 1 车道	26.66

二、任务要求

任务分工

分　组	车　道
第一小组	广州至佛山超车道
第二小组	广州至佛山主 1 车道
第三小组	广州至佛山主 2 车道
第四小组	广州至佛山主 3 车道
第五小组	佛山至广州超车道
第六小组	佛山至广州主 1 车道

各小组按以上任务分工完成以下内容：

1) 结合已知条件对广佛高速公路的路面使用质量进行评价并给出相应的维修养护对策。

2) 分析所遇各种病害的发生原因，并给出各种病害的处理方法。

3) 对需要加铺罩面、封层或补强的路段，给出设计方案，并绘制路面结构设计图（包括层间结合层，如黏层、防水层等）。

三、学习参考资料

《公路养护技术规范》(JTG H10—2009)、《公路沥青路面养护技术规范》(JTJ 073.2—2001)、《公路沥青路面设计规范》(JTG D50—2017)。

启示园地

沥青路面养护与维修

1. 有些沥青路面发生唧浆、坑槽、网裂等水损害，经修补后为什么还会出现同样的病害？这是养护质量出现了问题，沥青路面养护要严格按规范要求完成每一个养护步骤，进行水损害修补时，先将损坏的路面层挖除干净，损坏到哪一层就挖除到哪一层；碾压时要分层碾压，压实度要达到规范要求……只有每个养护步骤都做好了，才能达到质量标准要求。沥青路面工程是公用事业，工程技术人员必须有工匠精神和职业精神，要担负起社会责任。

2. 要想使沥青路面达到长寿命的要求，需要适时进行预防性养护。预防性养护是指为更好地保持路面的使用性能，延长其使用寿命，从运营管理和经济技术的角度，选择适当的时间和适宜的路段，根据路况检测结果和养护标准的要求，采取的具有路面保全性质的养护措施。随着我国公路科技的发展，预防性养护的方法越来越多，如还原剂封层、雾封层、同步碎石封层、微波热再生修补等，这些路面养护新技术的研发和应用彰显了我国强大的科技力量。你能说出一些先进的沥青路面养护技术吗？

3. 经过长时间的使用，沥青路面材料会因为老旧而被废弃，那么废弃的沥青路面材料怎么处理呢？随意丢弃是会影响环境的。沥青路面的再生利用是一种新型的养护技术，就是将老旧的沥青路面经过路面再生专用设备的翻挖、回收、加热、破碎、筛分后，与再生剂、新沥青、新集料等按一定比例重新拌和成混合料，满足一定的路用性能要求并重新铺筑于路面。采用此项技术，不仅可以节省大量的砂石材料，减少社会总能源和人力资源的消耗，而且还可以减少因为石料开采而对环境造成的破坏，还可减少废料堆弃场地的面积，节约土地资源，减少废料对堆弃场周边土地的污染，从而保护了生态环境，所产生的社会效益和经济效益是不可估量的。我们在从事路面养护工作时要始终贯彻国家有关碳达峰（碳达峰是指在某一个时点，二氧化碳的排放量不再增长，达到峰值，之后逐步回落。我国计划在2030年左右二氧化碳排放达到峰值且将努力早日达峰，之后排放净值逐步降低）、碳中和（碳中和是指对企业、团体或个人测算一定时间内，直接或间接产生的温室气体的排放总量，通过抵消自身产生二氧化碳的排放量，实现二氧化碳的"零排放"）的环保要求，绿水青山就是金山银山，要提高创新意识，不断开发节能减排新技术，促进社会可持续发展，建设绿色、生态、安全、共享的美好家园。

模块三

水泥混凝土路面养护与维修

学习目标

通过本模块的学习，了解水泥混凝土路面日常养护工作的内容与要求，掌握水泥混凝土路面使用质量评价的方法，掌握水泥混凝土路面产生的各种破损原因及防治措施，掌握水泥混凝土路面加铺层设计的方法。能对水泥混凝土路面的使用质量进行评价，能分析水泥混凝土路面常见病害的原因，能制订水泥混凝土路面的初步养护维修方案。培养施工质量意识，培养预防性养护意识，培养技术创新的意识，培养科学素养和执著的探究精神，培养自主学习、与人合作的协作精神。

内容概要

本模块的主要内容包括水泥混凝土路面使用质量的评价方法及养护对策，水泥混凝土路面的日常养护，水泥混凝土路面各种病害的原因及处理方法，水泥混凝土路面各种加铺层的特点及适用情况等。

316 国道十堰段病害治理案例

一、案例背景资料

1. 工程概况

316 国道十堰段（K1549+850～K1582+120）为湖北省襄樊市至十堰市的主要道路，是十堰市通往中部地区的重要通道，设计等级为山岭重丘区二级公路，路面结构形式为水泥混凝土路面。该路段位于 316 国道十堰段丁家营集镇，起止桩号为 K1571+600～K1573+800，总长 2.2km，路面为双车道，道路宽 9.0m，水泥混凝土板宽 4.5m，长 6.0m，水泥混凝土板厚 22cm。

2. 使用性能调查结果

路面损坏状况调查结果见表 3-1。

表 3-1　路面损坏状况调查结果

编号	病害类型	计量单位	轻重程度			
			轻	中	重	不分等级
1	纵、横、斜向裂缝	块	18	40	9	—
2	角隅钢筋	块	3	1	8	—
3	交叉裂缝、断裂板	块	2	2	63	—
4	沉陷	处	2	1	2	—
5	胀起	处	1	2	1	—
6	唧泥	条	5	—	3	—
7	错台	处	3	1	2	—
8	接缝碎裂	条	2	—	4	—
9	拱起	处	2	3	2	—
10	纵向接缝张开	条	3	—	2	—
11	接缝填缝料损坏	条	3	6	2	—
12	起皮	块	3	8	1	—
13	露骨	块	1	—	6	—
14	坑洞	块	—	—	—	9
15	修补损坏	块	2	2	3	—
16	总计	—	50	67	108	9

二、案例分析要求

1) 结合已知条件对 316 国道十堰段的路面使用质量进行评价并给出相应的维修养护对策。

2) 分析所遇各种病害的发生原因，并给出各种病害的处理方法。

3) 对需要加铺罩面、封层或补强的路段，给出设计方案（包括层间结合层，如黏层、防水层等）。

三、案例分析要点

本案例考核水泥混凝土路面病害分析和治理的有关问题，主要涉及水泥混凝土路面日常养护工作的内容与要求，水泥混凝土路面使用质量评价的方法，水泥混凝土路面产生的各种破损原因及防治措施，水泥混凝土路面罩面设计的方法等问题。要求根据《公路养护技术规范》（JTGH10—2009）的规定，计算路面性能指标，正确分析本工程水泥混凝土路面病害发生的原因并制订针对性的路面养护维修方案。因此，在案例分析时，要根据本案例背景给定的条件，分析每一个病害发生的原因并针对性地提出养护维修对策，最后做罩面设计，恢复道路表面性能，形成完整的养护维修方案。

四、案例分析过程

1. 路面使用性能评价

（1）路面状况指数（PCI）的计算　此次调查总共调查混凝土板块数为 734 块，接缝 1100 条，具体调查结果见表 3-2。

表 3-2 路面状况指数（PCI）计算

损坏类型		损坏程度	损坏数量	损坏密度 D_{ij}	系数 A_{ij}	系数 B_{ij}	DP_{ij}	R_{ij}	W_{ij}	$DP_{ij}W_{ij}$
断裂类	纵横斜向裂缝	轻	18	0.025	30	0.55	3.94	0.03	0.075	0.30
		中	40	0.054	65	0.52	14.25	0.11	0.275	3.92
		重	9	0.012	93	0.54	8.54	0.07	0.175	1.49
	角隅钢筋	轻	3	0.004	49	0.76	0.74	0.01	0.025	0.02
		中	1	0.001	73	0.64	0.88	0.01	0.025	0.02
		重	8	0.011	95	0.61	6.07	0.05	0.125	0.76
	交叉裂缝断裂板	轻	2	0.003	70	0.60	2.14	0.02	0.05	0.11
		中	2	0.003	88	0.50	4.82	0.04	0.1	0.48
		重	63	0.086	103	0.42	96.76	0.29	0.562	20.66
竖向位移类	沉陷	轻	2	0.003	49	0.76	0.59	0.01	0.025	0.01
		中	1	0.001	65	0.94	0.78	0.01	0.025	0.02
		重	2	0.003	92	0.52	4.49	0.04	0.1	0.45
	胀起	轻	1	0.001	49	0.76	0.26	0.002	0.005	0.001
		中	2	0.003	65	0.64	1.58	0.01	0.025	0.04
		重	1	0.001	92	0.52	2.53	0.02	0.05	0.13
接缝类	唧泥	轻	5	0.005	25	0.90	0.21	0.002	0.005	0.001
		重	3	0.003	65	0.80	0.62	0.01	0.025	0.02
	错台	轻	3	0.003	30	0.70	0.51	0.01	0.025	0.01
		中	1	0.001	60	0.61	0.89	0.01	0.025	0.02
		重	2	0.002	92	0.53	3.41	0.03	0.075	0.26
	接缝裂缝	轻	2	0.002	23	0.81	0.15	0.002	0.005	0.001
		中	1	0.001	30	0.60	0.44	0.003	0.008	0.004
		重	4	0.004	51	0.71	1.01	0.01	0.025	0.03
	拱起	轻	2	0.002	49	0.76	0.44	0.004	0.1	0.01
		中	3	0.003	65	0.64	1.58	0.01	0.025	0.04
		重	2	0.002	92	0.52	3.63	0.04	0.01	0.36
	纵向接缝张开	轻	3	0.003	30	0.90	0.16	0.002	0.005	0.001
		重	2	0.002	70	0.70	0.90	0.01	0.025	0.02
	接缝填缝料损坏	轻	3	0.003	10	0.95	0.04	0.0004	0.001	0.00004
		中	6	0.005	35	0.90	0.30	0.004	0.01	0.003
		重	2	0.002	60	0.80	0.42	0.005	0.013	0.01
表层类	起皮	轻	3	0.004	22	0.70	0.46	0.004	0.01	0.005
		中	8	0.011	60	0.60	4.01	0.03	0.075	0.30
		重	1	0.001	90	0.50	2.85	0.02	0.05	0.14

(续)

损坏类型		损坏程度	损坏数量	损坏密度 D_{ij}	系数 A_{ij}	系数 B_{ij}	DP_{ij}	R_{ij}	W_{ij}	$DP_{ij}W_{ij}$
表层类	露骨	轻	1	0.001	20	0.70	0.16	0.001	0.003	0.14
		重	6	0.008	60	0.50	5.37	0.04	0.01	0.54
	坑洞	—	9	0.012	30	0.60	2.11	0.02	0.05	0.11
	修补损坏	轻	2	0.003	10	0.95	0.04	0.0003	0.001	0.00004
		中	2	0.003	60	0.60	1.84	0.01	0.025	0.5
		重	3	0.004	90	0.54	4.56	0.04	0.1	0.46
总计							184.48	—		31.40

$$PCI = 100 - \sum_{i=1}^{n}\sum_{j=1}^{m_i} DP_{ij}W_{ij} = 100 - 31.40 = 68.60$$

对照路面破损状况等级评定标准可知：此路段的路面状况指数（PCI）的评定等级为"次"。

（2）断板率（DBL）的计算　计算见表3-3

表3-3　水泥混凝土路面断板率（DBL）计算

损坏类型	损坏程度		破损数量 DB_{ij}	权系数 DB'_{ij}	$DB_{ij}W'_{ij}$
裂缝类	纵、横、斜向裂缝	轻	18	0.20	3.6
		中	40	0.60	24
		重	9	1.00	9
	角隅断裂	轻	3	0.20	0.6
		中	1	0.70	0.7
		重	8	1.00	8
	交叉裂缝、断裂板	轻	2	0.60	1.2
		中	2	1.00	2
		重	63	1.50	94.5
总计					143.6

$$DBL = \left(\sum_{i=1}^{n}\sum_{j=1}^{m_i} DB_{ij}W'_{ij}\right)/BS = 143.6/743 = 19.33\%$$

对照路面破损状况等级评定标准可知：此路段的路面断板率（DBL）的评定等级为"次"。

（3）路面结构承载能力

1）接缝传荷能力。根据表3-4中的测量结果可以看出，旧水泥混凝土板约85%的接缝传荷能力"优良"，只有5%的接缝传荷能力较差。

表 3-4 弯沉值测量结果

测定路段	桩 号	弯沉差（1/100mm）	传荷系数（%）	数量（条）	比例（%）
上行线	K1573+800~ K1571+600	$0 \leq \Delta L_r \leq 6$	>80	260	94
		$6 < \Delta L_r < 10$	56~80	31	10
		$10 < \Delta L_r$	<55	17	6
下行线	K1571+600~ K1573+800	$0 \leq \Delta L_r \leq 6$	>80	287	86
		$6 < \Delta L_r < 10$	56~80	29	9
		$10 < \Delta L_r$	<55	18	5

2）板底脱空状况。根据从表3-5中路段的代表弯沉值看，数值均在20左右，说明路面的整体承载力虽有明显下降，但还不至于对加铺层结构造成很大影响，从实测单点数据看，有个别板块的板中弯沉值过大，达到37.4，说明该板板底脱空，根据评定标准，可采用压浆的方法进行处理。

表 3-5 研究路段的代表弯沉值

检测路段	桩 号	代表弯沉值（1/100mm）
上行线	K1573+800~K1573+000	19.9
	K1573+000~K1572+000	22.5
	K1572+000~K1571+600	18.7
下行线	K1571+600~K1572+000	19.5
	K1572+000~K1573+000	24.2
	K1573+000~K1573+800	20.2

（4）路面行驶质量 根据表3-6，计算 *RQI* 指标。

表 3-6 平整度调查

起点桩号	终点桩号	IRI
K1571+600	K1573+800	7.2

$$RQI = 10.5 - 0.75 \times 7.2 = 5.1$$

对照评定标准，行驶质量等级为"中"。由于 *RQI* 的值接近评定等级"中"的下限，因此，严格说来，行驶质量的等级应为"中等偏次"。

（5）路面表面抗滑能力 根据目测的结果，抗滑能力的等级评定为"次"。
国道十堰段旧水泥混凝土路面综合评定结果见表3-7。

表 3-7 国道十堰段旧水泥混凝土路面综合评定结果汇总

评 定 项 目		等 级 评 定
路面破损状况	PCI	次（PCI=68.60%）
	DBL	次（DBL=19.33%）
结构承载能力		部分板块弯沉值过大，需要处理
行驶质量		中等偏次
抗滑能力		次

(6) 评定结果　从以上的调查结果进行分析，可以得出以下结论：

1) 路段总体上破坏比较严重，特别是断裂板较多，断板率达到了 19.65%。

2) 从破坏类型来看，水泥混凝土路面的各种破坏类型在该路段上均有发生，其中裂缝的破坏最为严重和普遍，有些路段甚至出现了连续的板块断裂。

3) 调查中发现，路段大多数伸缩缝和施工缝的填缝不彻底，有些路段甚至未进行填缝处理，以致雨水进入基层，这也是导致路面破坏的一个主要原因。

(7) 养护维修对策　根据《公路养护技术规范》(JTG H10—2009) 要求，二级公路的路面破损状况等级为次及次以下时，应采用全路段修复或改善措施，包括破碎稳压、铺筑沥青混合料加铺层或水泥混凝土加铺层；路面的行驶质量等级或抗滑能力等级为次及次以下时，应采取刻槽、罩面或加铺层等措施来改善路面平整度、提高路表面的抗滑能力。

因此，该路段采取沥青混合料加铺层的措施改善旧水泥混凝土路面。

2. 病害分析及处理措施

(1) 严重断裂、龟裂、破碎板及沉陷断裂板处理　对于严重破碎、断裂及沉陷断裂板，贯穿全板的交叉裂缝板，裂缝处严重剥落且有错台、裂块已开始活动的断板，均采取挖除旧板浇筑新板的处理措施。

(2) 板边、板角修补　对于板角破碎、角隅断裂、掉边、缺角等病害板，用切割机按破裂面的大小确定切割范围，将损坏部分破碎凿除。清除混凝土碎屑后，目测基层，若基层板体性差，则下挖基层，直至板体性好的层面，然后浇筑与旧板等强度的水泥混凝土与旧板面齐平。

(3) 接、裂缝维修

1) 接缝维修。对填缝料损坏的接缝，首先清除接缝中的旧填缝料和杂物，采用加热的聚氯乙烯胶泥、沥青橡胶类或常温施工的聚氨酯焦油类填缝料进行填缝。对于张开宽度 10mm 以下的纵向接缝，采取橡胶沥青类加热施工式填缝料维修；张开宽度在 10mm 以上时，采取常温施工式填缝料进行维修；张开宽度在 15mm 以上时，采用沥青砂填缝。接缝碎裂时，沿破碎部位外缘垂直面板切割成规则图形，清除混凝土碎块，吹净灰尘杂物，并保持干燥状态，采用改性的环氧树脂类高模量补强材料进行填充。

2) 裂缝维修。对宽度在 3mm 以下的裂缝，采用低黏性沥青或环氧树脂等材料灌注；对贯穿全厚的大于 3mm 且小于 15mm 的裂缝，采取条带罩面进行补缝，即平行于裂缝两侧切缝，如图 3-1a，凿除两横缝内约 7cm 深的混凝土，每间隔 50cm 打一对钯钉孔，并在二钯钉孔之间打一对与钯钉孔直径一致的钯钉槽，钯钉孔填满砂浆，将钯钉插入孔内安装，将切割的缝内壁凿毛，浇筑混凝土、振捣密实、抹平，并喷洒养护剂，如图 3-1b 所示。对于宽度大于 15mm 的严重裂缝采用全深度补块处理。

(4) 错台处治　路面发生错台或板块开裂，应首先考虑是否路基出现问题，若是由于基层过软或者板块下存在基层脱空现象而引起的错台，则必须将整个板块全部凿除，重新压实路基及基层，浇筑新混凝土；对于错台小于或等于 1cm 的可不予处理；错台大于 1cm 的板块，首先清除路面杂物和灰尘，并喷洒一层黏层沥青，采用沥青砂填补，修补面纵坡变化应控制在 1% 以内，轮胎压路机碾压平整。

(5) 基层处理　当水泥混凝土路面板的破坏是由于基层的原因引起时，则首先应处理基层。基层可采用换填低标号混凝土或换填水稳定性好的土、碎（砂）砾石等方法来处理。

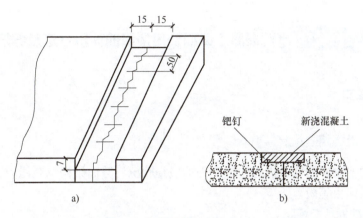

图 3-1 条带补缝（单位：cm）

如果施工条件不好，基层处理也可以采用 C15 贫混凝土将路面基层补强，其补强混凝土顶面标高应与旧路面基层顶面标高相同。

在路面排水不良地带翻修路面板时，路面板边缘及路肩应设置路基纵、横向排水系统。单一边板翻修时应在路面板接缝处设置横向盲沟；较长路段翻修时宜设置纵向盲沟，并应在纵坡底部设置横向盲沟。

（6）表层类病害处治 对于其他表层类病害诸如纹裂、起皮、露骨等，由于对沥青加铺层的使用效果影响不大，可以不做处理，但应将面板清理干净。

（7）板底脱空处治 对于实测单点弯沉值小于或等于 0.2mm 的板块，不予处理；对于实测单点弯沉值大于 0.4mm 脱空严重的板块，按破碎挖除旧板浇筑新板处理；对于实测单点弯沉值介于 0.2mm 和 0.4mm 之间的板块，采用板底压浆处理。

3. 加铺层结构设计方案

本案例具体采用如下所述的三层式路面加铺层结构：上封层为 1.5cm 的细粒式沥青碎石混合料 AM-13；面层为 7cm 的中粒式沥青碎石混合料 AM-20，共 8.5cm 的沥青罩面层；调平层为 1~2cm 沥青砂。丁家营集镇过境路段沥青混合料加铺层结构方案见表 3-8。

表 3-8 316 国道十堰段丁家营集镇过境路段沥青混合料加铺层结构方案

结构层次	厚度/cm	材料类型
上封层	1.5	重交沥青 AH-70 细粒式沥青碎石 AM-13
黏层	—	SBR 乳化改性沥青
面层	3.5	重交沥青 AH-70 中粒式沥青碎石 AM-20
黏层	—	SBR 乳化改性沥青
防裂夹层	—	玻璃纤维土工格栅
面层	3.5	重交沥青 AH-70 中粒式沥青碎石 AM-20
黏层	—	SBR 乳化改性沥青
调平层	1~2	沥青砂
防水防裂层	—	浸渍沥青土工布
黏层	—	SBR 乳化改性沥青
旧混凝土板	22	水泥混凝土

3.1 水泥混凝土路面使用质量的评价方法及养护对策

知识学习

一、水泥混凝土路面状况评价

沥青路面的使用质量评价内容包括路面的破损状况、路面结构承载能力、路面行驶质量和路面表面抗滑能力等内容。

（一）路面破损状况评定

依据现行《公路水泥混凝土路面设计规范》（JTG D40）路面损坏状况调查评定标准，旧混凝土路面的损坏状况应采用断板率和平均错台量两项指标评定。断板率的调查和计算按现行《公路水泥混凝土路面养护技术规范》（JTJ 073.1—2001）的规定进行。具体评价及计算方法如下。

1. 断板率 DBL

依据路段破损状况调查得到的断裂类病害的板块数，按断裂缝种类和严重程度的不同，采用不同的权系数进行修正后，由下式确定该路段的断板率（DBL），以百分数表示。

$$DBL = \left(\sum_{i=1}^{n}\sum_{j=1}^{m_i} DB_{ij} W'_{ij}\right)/BS$$

式中　DB_{ij}——i 种类裂缝病害 j 种轻重程度的板块数；

　　　W'_{ij}——i 种裂缝病害 j 种轻重程度的修正权系数，按表3-9确定；

　　　BS——评定路段内的板块总数。

表3-9　计算断板率的权系数 W'_{ij}

裂缝类型	交叉裂缝			角隅断裂			纵、横、斜向裂缝		
轻重程度	轻	中	重	轻	中	重	轻	中	重
权系数 W'_{ij}	0.60	1.00	1.50	0.20	0.70	1.00	0.20	0.60	1.00

水泥路面状况等级评价标准见表3-10。

表3-10　水泥路面路面状况等级（DBL）评价标准

等级	优良	中	次	差
断板率（%）	≤5	5~10	10~20	>20

2. 平均错台量

平均错台量以调查路段内各条接缝高程差的平均值表示该路段的平均错台量，分级评定标准见表3-11。

表3-11　水泥路面路面状况等级平均错台量评价标准

等级	优良	中	次	差
平均错台量/mm	≤3	3~7	7~12	>12

3. 路面状况指数 PCI

依据《公路技术状况评定标准》(JTG H20—2007)，对公路水泥混凝土路面破损状况补充采用路面状况指数(PCI)进行评价，PCI 值由路面综合破损率(DR)计算得出。

其中，路面综合破损率(DR)按下式计算：

$$DR = 100 \frac{\sum_{i=1}^{21} w_i A_i}{A}$$

式中 DR——路面综合破损率，为路面各种破损的折合面积之和与调查路面面积之比，以百分数表示；

A_i——路面破损中，第 i 类破损（分严重程度）的调查面积（m^2）；

A——路面的实际调查面积（调查路段长度与有效路面宽度之积）（m^2）；

w_i——路面破损中，第 i 类破损（分严重程度）的权重，参见表 3-12。

表 3-12 水泥混凝土路面损坏类型和权重

类型(i)	损坏名称	损坏程度	权重(ω_i)	备 注
1	破碎板	轻	0.8	以面积（m^2）计量
2		重	1.0	
3	裂缝	轻	0.6	以长度（m）计量（影响宽度：1.0m）
4		中	0.8	
5		重	1.0	
6	板角断裂	轻	0.6	以面积（m^2）计量
7		中	0.8	
8		重	1.0	
9	错台	轻	0.6	以长度（m）计量（影响宽度：1.0m）
10		重	1.0	
11	唧泥		1.0	以长度（m）计量（影响宽度：1.0m）
12	边角剥落	轻	0.6	以长度（m）计量（影响宽度：1.0m）
13		中	0.8	
14		重	1.0	
15	接缝料损坏	轻	0.4	以长度（m）计量（影响宽度：1.0m）
16		重	0.6	
17	坑洞		1.0	以面积（m^2）计量
18	拱起		1.0	以面积（m^2）计量
19	露骨		0.3	以面积（m^2）计量
20	修补		0.1	以面积（m^2）计量

路面状况指数(PCI)的数值范围为 0~100，其值越大，路况越好。PCI 的计算公式为：

$$PCI = 100 - a_0 DR^{a_1}$$

式中 a_0——标定系数，采用 10.66；
a_1——标定系数，采用 0.416。

根据每公里 PCI 统计结果对路面破损状况等级进行评定，分级评定标准见表 3-13。

表 3-13 高速公路破损状况评价标准

评价等级	优	良	中	次	差
PCI	≥90	≥80，<90	≥70，<80	≥60，<70	<60
DR（%）	≤0.4	>0.4，≤2.0	>2.0，≤5.5	>5.5，≤11.0	>11.0

（二）路面结构承载能力

水泥混凝土路面结构承载能力采用接缝传荷能力和板底脱空状况评价。

1. 接缝传荷能力

（1）接缝传荷系数　根据现行《公路水泥混凝土路面设计规范》（JTG D40）对接缝传荷能力的评定：测定接缝传荷能力的试验荷载应接近于标准轴载的一侧轮载（50kN）。将荷载施加在邻近接缝的路面表面，实测接缝两侧边缘的弯沉值，按下式计算接缝的传荷系数。

$$k_j = \frac{w_u}{w_1} \times 100(\%)$$

式中 k_j——接缝传荷系数；
w_u——未受荷板接缝边缘处的弯沉值；
w_1——受荷板接缝边缘处的弯沉值。

接缝传荷能力分级见表 3-14。

表 3-14 接缝传荷能力分级标准

等级	优良	中	次	差
接缝传荷系数 k_j（%）	>80	56~80	31~55	<31

（2）传荷弯沉差　根据《公路沥青路面设计规范》（JTG D50—2017）对接缝传荷能力的评定：采用弯沉差方法计算、评定。评定标准如下：弯沉差≥6（0.01mm），接缝传荷能力差；弯沉差<6（0.01mm），接缝传荷能力好。

2. 板底脱空状况

板底脱空可根据面层板角隅处的多级荷载弯沉测试结果，并综合考虑唧泥和错台发展程度以及接缝传荷能力进行判别。判别方法如下：

板角弯沉≥40（0.01mm），即认为严重脱空，需要换板；20（0.01mm）≤板角弯沉<40（0.01mm），板角脱空，需要压浆；14（0.01mm）≤板角弯沉<20（0.01mm），需根据具体情况决定措施，通常如果加铺层包括基层，则可不压浆，如果仅加铺面层，则需要压浆；板角弯沉<14（0.01mm），没有脱空。

（三）路面行驶质量

水泥混凝土路面的行驶质量采用行驶质量指数 RQI 评价，行驶质量指数 RQI 由国际平整度指数 IRI 计算，其计算公式为

$$RQI = \frac{100}{1 + a_0 \exp(a_1 IRI)}$$

式中 IRI——国际平整度指数（m/km）；
　　a_0——标定系数，采用 0.026；
　　a_1——标定系数，采用 0.65。

路面行驶质量指数评价见表 3-15。

表 3-15　路面行驶质量指数（RQI）评价标准

评价指标	优	良	中	次	差
行驶质量指数 RQI	≥90	<90, ≥80	<80, ≥70	<70, ≥60	<60
平整度指数 IRI/(m/km)	≤2.3	>2.3, ≤3.5	>3.5, ≤4.3	>4.3, ≤5.0	>5.0

（四）路面表面抗滑能力

水泥混凝土路面表面抗滑能力采用侧向力系数 SFC 或抗滑值 SRV 以及构造深度两项指标评定，见表 3-16。

表 3-16　路面抗滑能力等级评定标准

评价等级	优	良	中	次	差
构造深度/mm	≥0.8	0.7~0.6	0.5~0.4	0.3~0.2	<0.2
抗滑值 SRV	≥65	64~55	54~45	44~35	<35
横向力系数 SFC	≥0.55	0.54~0.45	0.44~0.38	0.37~0.30	<0.3

二、水泥混凝土路面的养护对策

1）高速公路及一级公路的路面损坏状况指数评价为优和良，二级及二级以下公路的路面损坏状况指数评价为中及中以上时，可采取日常养护和局部或个别板块修补措施。

2）高速公路及一级公路的路面损坏状况指数评价为中及中以下，二级及二级以下公路的路面损坏状况指数评价为次及次以下时，就采取全路段修复或改善措施。

3）高速公路及一级公路的路面行驶质量指数、抗滑性能指数评价为中及中以下，二级及二级以下公路的路面行驶质量指数、抗滑性能指数评价为次及次以下时，应分别采取措施，改善路面平整度，提高路表面的抗滑能力。

4）路面结构承载能力不满足现有交通的要求时，应采取铺筑沥青混凝土或水泥混凝土加铺层措施，提高其承载能力。

案例分析

海文高速公路连接线海文方向 LK0+000~LK8+189 段路面养护维修案例

一、案例背景资料

1. 工程概况

海文高速是海南省海口市至文昌市的高速公路，是海南省公路主干线的重要组成部分和东北部地区的重要交通走廊。贯穿海口、文昌两市，起点于琼山桂林洋，经琼山的灵山、美兰、三江、大致坡和文昌的东路、潭牛、文城等乡镇，终点于文昌英城，2002年9月通车。

海文高速（含连接线及主线）全长59.428km，其中连接线为双向四车道一级公路，路基宽度为26.5m，长度为8.189km。

海文高速公路现阶段路面为水泥混凝土路面结构类型，路面结构自上而下分别为：24cm厚水泥混凝土面层＋20cm厚水泥稳定碎石基层＋16cm厚级配碎石底基层。

2. 海文高速连接线LK0+000～LK8+189段海文方向（右幅）路面状况调查

2012年7月，海文高速公路连接线LK0+000～LK8+189段海文方向（右幅）路面破损状况调查数据见表3-17。

表3-17 路面破损状况调查数据

桩号	横向裂缝/处	纵向裂缝/处	破碎板/块	错台/mm	板角断裂/处	其他病害/处	总板块数/块	平均错台量/mm
LK0～LK1	7	49	18	59	36	24	400	1.57
LK1～LK2	7	81	44	29	11	3	390	1.44
LK2～LK3	1	71	54	44	27	9	400	1.88
LK3～LK4	0	89	93	12	50	1	400	2.74
LK4～LK5	23	65	158	26	50	0	370	4.59
LK5～LK6	39	49	93	96	55	1	380	4.47
LK6～LK7	48	74	74	17	32	1	400	2.91
LK7～LK8	7	81	77	18	27	4	396	2.18
LK8～LK8.2	0	4	7	0	1	1	32	1.78

2012年7月，海文高速公路连接线LK0+000～LK8+189段海文方向（右幅）水泥板接缝传荷能力统计见表3-18。

表3-18 水泥板接缝传荷能力统计

| 桩 号 | 荷载/kPa | 弯沉值（0.01mm） | |
		受荷板弯沉	未受荷板弯沉
ALK0+006	692	16.8	12.5
ALK0+052	698	7.4	6.6
ALK0+223	693	14.7	13.1
ALK0+228	694	13.8	11.4
ALK0+248	693	13.2	12.2
ALK0+292	695	18.9	16.4
ALK0+350	691	7.7	6.9
ALK0+378	688	12.5	10.9
ALK0+411	686	16.9	15.1
ALK0+449	693	11.1	11.0
ALK0+495	698	12.2	11.4

（续）

桩 号	荷载/kPa	弯沉值 (0.01mm)	
		受荷板弯沉	未受荷板弯沉
ALK0+519	700	17.5	14.5
ALK0+740	701	12.3	10.3
ALK0+804	697	11.7	9.5
ALK0+868	700	22.0	8.6
ALK0+929	697	11.3	9.3
ALK1+016	701	14.6	12.0
ALK1+099	697	12.5	8.3
ALK1+165	698	9.5	7.9
ALK1+250	692	11.0	7.9
ALK1+335	695	16.7	8.8
ALK1+404	690	9.2	8.2
ALK1+461	693	7.6	2.4
ALK1+532	695	11.7	9.5
ALK1+597	693	13.7	9.1
ALK1+671	700	10.4	7.8
ALK1+770	694	6.8	4.3
ALK1+825	691	12.5	10.0
ALK1+865	693	8.2	6.4
ALK1+941	696	10.6	7.7
ALK2+046	697	10.0	8.3
ALK2+075	693	20.8	5.4
ALK2+154	690	13.0	5.5
ALK2+203	693	9.9	6.0
ALK2+253	691	13.2	5.0
ALK2+319	707	33.3	6.7
ALK2+390	695	8.3	7.1
ALK2+448	691	9.3	7.2
ALK2+509	688	13.9	5.4
ALK2+553	691	14.4	5.9
ALK2+642	690	8.9	5.1
ALK2+706	694	9.9	6.3
ALK2+775	697	10.3	8.9
ALK2+834	687	13.4	7.3
ALK2+891	694	9.7	8.4
ALK2+996	693	6.7	4.9

（续）

桩　号	荷载/kPa	弯沉值（0.01mm）	
		受荷板弯沉	未受荷板弯沉
ALK3+192	694	10.4	9.0
ALK3+265	691	12.4	10.1
ALK3+335	692	12.7	7.5
ALK3+482	695	10.3	8.4
ALK3+541	698	14.5	6.6
ALK3+690	693	13.2	9.7
ALK3+750	693	23.7	7.0
ALK3+831	697	43.5	7.5
ALK3+875	693	8.6	5.9
ALK4+017	696	17.6	6.2
ALK4+140	696	6.2	4.9
ALK4+209	692	8.6	7.5
ALK4+309	694	6.5	5.7
ALK4+359	688	7.8	6.3
ALK4+419	698	10.2	7.2
ALK4+513	692	8.2	6.7
ALK4+587	689	8.5	7.2
ALK4+710	689	11.5	7.3
ALK4+888	689	14.0	10.8
ALK5+185	697	8.9	7.4
ALK5+255	694	14.7	8.9
ALK5+348	693	11.9	8.2
ALK5+413	687	10.6	10.5
ALK5+566	694	9.0	7.5
ALK5+599	698	11.6	7.0
ALK5+723	691	13.0	6.9
ALK5+748	699	9.9	8.6
ALK5+888	691	18.1	10.5
ALK5+915	697	13.3	9.3
ALK6+000	694	33.4	6.2
ALK6+090	701	9.6	8.5
ALK6+197	690	3.7	3.3
ALK6+211	694	2.8	2.7

（续）

桩　号	荷载/kPa	弯沉值（0.01mm）	
		受荷板弯沉	未受荷板弯沉
ALK6+296	691	10.5	9.2
ALK6+328	697	10.6	9.1
ALK6+393	687	8.0	7.5
ALK6+427	701	8.8	7.2
ALK6+519	685	2.4	1.8
ALK6+624	692	11.3	6.6
ALK6+698	691	14.9	6.1
ALK6+743	693	9.3	8.0
ALK6+822	692	13.1	7.8
ALK6+861	692	10.4	7.3
ALK6+975	689	12.1	9.4
ALK7+043	694	11.3	10.0
ALK7+236	696	13.7	11.3
ALK7+256	691	8.6	7.6
ALK7+271	692	8.6	7.4
ALK7+284	691	12.6	7.4
ALK7+347	691	14.1	10.9
ALK7+407	689	12.2	10.8
ALK7+486	695	15.3	11.4
ALK7+541	699	13.8	11.2
ALK7+670	689	7.7	7.4
ALK7+736	692	11.9	6.0
ALK7+762	699	11.1	9.3
ALK7+826	694	6.1	4.6
ALK7+866	694	12.0	10.0
ALK7+934	689	6.3	5.8
ALK7+955	684	9.4	7.2
ALK8+010	699	7.2	6.3
ALK8+029	693	13.0	7.8
ALK8+085	693	12.2	10.1
ALK8+128	694	12.0	10.0

　　2012年7月，海文高速公路连接线LK0+000～LK8+189段海文方向（右幅）板角弯沉值统计见表3-19。

表 3-19 板角弯沉值统计

序　号	桩　号	板角弯沉（0.01mm）
1	ALK0+006	16.8
2	ALK0+228	13.8
3	ALK0+248	13.2
4	ALK0+292	18.8
5	ALK0+411	17.1
6	ALK0+449	11.1
7	ALK0+495	12.1
8	ALK0+519	17.3
9	ALK0+740	12.2
10	ALK0+804	11.6
11	ALK0+868	21.8
12	ALK0+929	11.2
13	ALK1+016	14.4
14	ALK1+098	12.4
15	ALK1+164	9.4
16	ALK1+250	11.0
17	ALK1+335	16.7
18	ALK1+404	9.2
19	ALK1+460	7.6
20	ALK1+532	11.7
21	ALK1+597	13.7
22	ALK1+671	10.3
23	ALK1+825	12.5
24	ALK1+865	8.2
25	ALK2+046	9.9
26	ALK2+075	20.8
27	ALK2+154	13.1
28	ALK2+253	13.2
29	ALK2+319	32.6
30	ALK2+509	14.0
31	ALK2+552	14.4
32	ALK2+834	13.5
33	ALK2+891	9.7
34	ALK3+191	10.4
35	ALK3+482	10.3
36	ALK3+540	14.4

(续)

序 号	桩 号	板角弯沉 (0.01mm)
37	ALK3+690	13.2
38	ALK3+750	23.7
39	ALK3+831	43.3
40	ALK4+017	17.5
41	ALK4+209	8.6
42	ALK4+309	6.5
43	ALK4+359	7.9
44	ALK4+513	8.2
45	ALK4+710	11.6
46	ALK5+184	8.8
47	ALK5+255	14.7
48	ALK5+888	18.2
49	ALK6+000	33.4
50	ALK7+256	8.6
51	ALK7+486	15.3
52	ALK7+541	13.7
53	ALK7+762	11.0
54	ALK7+866	12.0
55	ALK7+954	9.5
56	ALK8+085	12.2

2012年7月，海文高速公路连接线 LK0+000~LK8+189 段海文方向（右幅）平整度测试结果见表3-20。

表3-20 平整度测试结果

里 程	σ/mm	国际平整度指数		
		IRI/(m/km)	标准差	变异系数
ALK0+000~ALK1+000	1.76	2.94	0.74	25.17%
ALK1+000~ALK2+000	1.46	2.43	0.64	26.34%
ALK2+000~ALK3+000	1.51	2.52	0.67	26.59%
ALK3+000~ALK4+000	1.96	3.26	0.89	27.30%
ALK4+000~ALK5+000	1.63	2.72	0.9	33.09%
ALK5+000~ALK6+000	1.63	2.71	0.62	22.88%
ALK6+000~ALK7+000	1.49	2.49	0.55	22.09%
ALK7+000~ALK8+204	1.65	2.75	0.78	28.36%

二、案例分析要求

1）评价海文高速公路连接线海文方向 LK0+000~LK8+189 段（右幅）路面状况。

2) 提出养护维修对策。

三、案例分析过程

1. 评价指标计算

（1）路面破损状况评定

1) 断板率 DBL

$DBL = (\sum_{i=1}^{n}\sum_{j=1}^{m_i}DB_{ij}W'_{ij})/BS = 54.31\% > 20\%$，水泥路面状况等级（DBL）评价为差，计算结果见表3-21。

2) 平均错台量。平均错台量以调查路段内各条接缝高程差的平均值表示该路段的平均错台量，计算结果见表3-21。

3) 路面状况指数 PCI

采用公式 $PCI = 100 - a_0 DR^{a_1}$ 计算路面状况指数，计算结果见表3-21。

表3-21 路面状况

桩 号	长度/km	DBL	评价等级	PCI	评价等级	平均错台量/mm	评 价 等 级
LK0～LK1	1	26.28	差	70.04	中	1.57	优良
LK1～LK2	1	38.05	差	66.57	次	1.44	优良
LK2～LK3	1	42.58	差	63.42	次	1.88	优良
LK3～LK4	1	68.50	差	53.07	差	2.74	优良
LK4～LK5	1	91.35	差	44.04	差	4.59	中
LK5～LK6	1	70.61	差	51.26	差	4.47	中
LK6～LK7	1	57.58	差	56.86	差	2.91	优良
LK7～LK8	1	51.94	差	57.13	差	2.18	优良
LK8～LK8.2	0.204	41.88	差	72.58	中	1.78	优良

由表3-21中结果可知，海文高速公路连接线海文方向（右幅）行车道水泥混凝土路面 PCI 整体状况为59.44。以一公里为评价段，按现行《公路技术状况评定标准》（JTG H20—2007）评价连接线海文方向（右幅）绝大多数为次、差水平。

（2）路面结构承载能力

1) 接缝传荷能力。海文高速公路连接线海文方向（右幅）行车道板角接缝传荷能力、传荷弯沉差计算见表3-22。

表3-22 行车道板角接缝传荷能力、传荷弯沉差

桩 号	弯沉差（0.01mm）	传荷系数（%）
ALK0+006	4.3	74
ALK0+052	0.8	89
ALK0+223	1.6	89
ALK0+228	2.4	83
ALK0+248	1.0	92
ALK0+292	2.5	87

（续）

桩　　号	弯沉差（0.01mm）	传荷系数（%）
ALK0+350	0.8	90
ALK0+378	1.6	87
ALK0+411	1.8	89
ALK0+449	0.1	99
ALK0+495	0.8	93
ALK0+519	3.0	83
ALK0+740	2.0	84
ALK0+804	2.2	81
ALK0+868	13.4	39
ALK0+929	2.0	82
ALK1+016	2.6	82
ALK1+099	4.2	66
ALK1+165	1.6	83
ALK1+250	3.1	72
ALK1+335	7.9	53
ALK1+404	1.0	89
ALK1+461	5.2	32
ALK1+532	2.2	81
ALK1+597	4.6	66
ALK1+671	2.6	75
ALK1+770	2.5	63
ALK1+825	2.5	80
ALK1+865	1.8	78
ALK1+941	2.9	73
ALK2+046	1.7	83
ALK2+075	15.4	26
ALK2+154	7.5	42
ALK2+203	3.9	61
ALK2+253	8.2	38
ALK2+319	26.6	20
ALK2+390	1.2	86
ALK2+448	2.1	77
ALK2+509	8.5	39
ALK2+553	8.5	41
ALK2+642	3.8	57
ALK2+706	3.6	64
ALK2+775	1.4	86

(续)

桩　号	弯沉差（0.01mm）	传荷系数（%）
ALK2+834	6.1	54
ALK2+891	1.3	87
ALK2+996	1.8	73
ALK3+192	1.4	87
ALK3+265	2.3	81
ALK3+335	5.2	59
ALK3+482	1.9	82
ALK3+541	7.9	46
ALK3+690	3.5	73
ALK3+750	16.7	30
ALK3+831	36.0	17
ALK3+875	2.7	69
ALK4+017	11.4	35
ALK4+140	1.3	79
ALK4+209	1.1	87
ALK4+309	0.8	88
ALK4+359	1.5	81
ALK4+419	3.0	71
ALK4+513	1.5	82
ALK4+587	1.3	85
ALK4+710	4.2	63
ALK4+888	3.2	77
ALK5+185	1.5	83
ALK5+255	5.8	61
ALK5+348	3.7	69
ALK5+413	0.1	99
ALK5+566	1.5	83
ALK5+599	4.6	60
ALK5+723	6.1	53
ALK5+748	1.3	87
ALK5+888	7.6	58
ALK5+915	4.0	70
ALK6+000	27.2	19
ALK6+090	1.1	89
ALK6+197	0.4	89
ALK6+211	0.1	96

（续）

桩　　号	弯沉差（0.01mm）	传荷系数（%）
ALK6+296	1.3	88
ALK6+328	1.5	86
ALK6+393	0.5	94
ALK6+427	1.6	82
ALK6+519	0.6	75
ALK6+624	4.7	58
ALK6+698	8.8	41
ALK6+743	1.3	86
ALK6+822	5.3	60
ALK6+861	3.1	70
ALK6+975	2.7	78
ALK7+043	1.3	88
ALK7+236	2.4	82
ALK7+256	1.0	88
ALK7+271	1.2	86
ALK7+284	5.2	59
ALK7+347	3.2	77
ALK7+407	1.4	89
ALK7+486	3.9	75
ALK7+541	2.6	81
ALK7+670	0.3	96
ALK7+736	5.9	50
ALK7+762	1.8	84
ALK7+826	1.5	75
ALK7+866	2.0	83
ALK7+934	0.5	92
ALK7+955	2.2	77
ALK8+010	0.9	88
ALK8+029	5.2	60
ALK8+085	2.1	83
ALK8+128	2.0	83

2）接缝传荷系数。各桩号接缝传荷系数见表3-22，评定结果见表3-23。

表3-23　海文高速公路连接线接缝传荷能力分级汇总

路　　段	检测部位	检测板块数	传荷系数各等级所占的比例（%）			
			优良	中	次	差
海文方向（右幅）	接缝处	110	50.91	27.27	12.73	9.09

3）传荷弯沉差。根据《公路沥青路面设计规范》（JTG D50—2017）对接缝传荷能力的评定：采用弯沉差方法计算、评定。各桩号接缝弯沉差结果见表3-22，评定结果见表3-24。

表3-24　海文高速公路连接线板间传荷能力状况评定

路　段		总　体		
		测试板块数	板间传荷能力评定	
			≥6（0.01mm）（传荷能力差）	<6（0.01mm）（传荷能力好）
海文连接线	海文方向（右幅）	110	17 15.45%	93 84.55%

4）板底脱空状况。根据海文高速公路连接线海文方向（右幅）弯沉值统计结果（表3-22）评定板底脱空状况，见表3-25。

表3-25　海文高速公路连接线海文方向（右幅）板底脱空状况评定

路　段	路　幅	测试板块数	≥35（需换板）	≥15，<35（需压浆）	<15（无脱空）
海文高速公路连接线	海文方向（右幅）	110	1 0.91%	13 11.82%	96 87.27%

（3）路面行驶质量采用行驶质量指数（RQI）　根据海文高速公路连接线海文方向（右幅）弯沉值统计结果，按公式 $RQI = \dfrac{100}{1+a_0\exp(a_1 IRI)}$ 评定行驶质量，每公里行驶质量评定结果见表3-26。

表3-26　海文高速公路连接线海文方向（右幅）行车道每公里行驶质量评定

里　程	RQI	评定等级
ALK0+000 ~ ALK1+000	85.05	良
ALK1+000 ~ ALK2+000	88.80	良
ALK2+000 ~ ALK3+000	88.20	良
ALK3+000 ~ ALK4+000	82.21	良
ALK4+000 ~ ALK5+000	86.78	良
ALK5+000 ~ ALK6+000	86.85	良
ALK6+000 ~ ALK7+000	88.40	良
ALK7+000 ~ ALK8+204	86.55	良

海文高速公路连接线海文方向RQI整体状况为86.61，以一公里为评价段，行车道所有公里段RQI值均大于80，按现行规范评价路面行驶质量状况评价为良。

（4）路面表面抗滑能力　由于海文高速路面破损严重，需铺筑加铺层，故原路面表面抗滑能力不需评价。

2. 维修养护对策

根据使用质量的评价结果和规范要求，海文高速连接线海文方向（右幅）路面破损状况等级绝大多数为次、差水平，应采用全路段修复或改善措施，包括破碎稳压、铺筑沥青混合料加铺层或水泥混凝土加铺层；海文高速连接线海文方向（右幅）路面的行驶质量等级评价为良，不需改善路面平整度。

本节总结

通过本节内容的学习，掌握水泥混凝土路面状况评价的方法，能够提出水泥混凝土路面的养护维修对策。本节案例以计算为主，由于评价指标较多，路面调查数据较多，容易出现计算错误，要注意计算的准确性，这样才能确保养护维修对策的合理性。本节内容为后续学习如何制订水泥混凝土路面养护维修方案打下基础。

3.2 水泥混凝土路面常见病害的原因分析与维修

知识学习

水泥混凝土路面典型损坏可分为断裂类、竖向变形类、接缝类和表面类四大类型。断裂类主要指（纵、横、斜向）裂缝、破碎板及板角断裂；竖向变形类主要指沉陷、胀起；接缝类主要指接缝料损坏、纵向接缝张开、板底脱空和唧泥、错台、边角剥落、拱起；表面类主要指露骨、表面裂纹及坑洞。

一、断裂类

1. 裂缝

（1）病害描述　裂缝病害一般板块上只有一条裂缝，裂缝类型包括横向、纵向和不规则的斜裂缝等。

（2）病害程度分级

1）轻：裂缝窄、裂缝处未剥落，缝宽小于3mm，一般为贯通裂缝，损坏按长度计算，检测结果要用影响宽度（1.0m）换算成面积。

2）中：边缘有碎裂，裂缝宽度在3~10mm之间，损坏按长度计算，检测结果要用影响宽度（1.0m）换算成面积。

3）重：缝宽、边缘有碎裂并伴有错台出现，缝宽大于10mm，损坏按长度计算，检测结果要用影响宽度（1.0m）换算成面积。

（3）可能的形成原因

1）横向裂缝的产生原因是水泥混凝土失水干缩、冷缩、切缝不及时等。

2）纵向裂缝（图3-2）的产生原因是路基体填料土质不均匀、含水量不均匀、施工方法不当等导致路基不均匀沉降，从而使路面板在自重和行车压力作用下产生纵向裂缝。

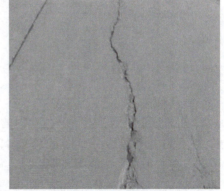

图3-2　纵向裂缝

3）交叉裂缝的产生原因主要有：①水泥混凝土路面自身强度不足；②路基和路面基层的强度和水稳定性差；③使用了性能不稳定的水泥，浇筑时会产生大面积的龟裂。

（4）维修方法

1）裂缝宽度小于 3mm 的轻微裂缝，可采用扩缝灌浆法。扩缝灌浆法工艺如下：

① 采用扩缝机顺着裂缝开挖 1.0～2.0cm 宽的沟槽，深度根据裂缝深度确定，最大不超过 2/3 板厚。

② 利用清缝机清除碎屑并吹净灰尘后，填入粒径 0.3～0.6cm 的清洁石屑（含水量＜1%）。

③ 根据选用的材料及相应技术要求进行配比，混合均匀后用灌缝机灌入扩缝内。

④ 裂缝修补材料用远红外灯加热增强 2～3h 或灌缝材料固化达到通车强度后，即可开放交通。

2）裂缝宽度大于 3mm 且没有破碎的裂缝，可采用直接灌浆法。直接灌浆法工艺如下：

① 先将缝内泥土、杂质清除干净，随后用钢丝刷将缝口刷一遍，并用吸尘器将浮土吸掉，确保缝内无水、干燥。

② 缝内及路面先铺一层聚氨酯底胶层，厚度为（0.3±0.1）mm。底胶用量为 0.15kg/m²，底胶铺设采用涂刷方法。

③ 准备好灌浆材料。

④ 将灌浆材料灌入缝内，固化后达到通车强度，即可开放交通。

3）贯穿全厚的大于 3mm 且小于 15mm 的中等裂缝，可采用条带罩面法。条带罩面法工艺如下：

① 在距裂缝距离不小于 20cm（通常为 30cm）且平行于缩缝的裂缝两侧采用切缝机进行切缝，如图 3-3a。

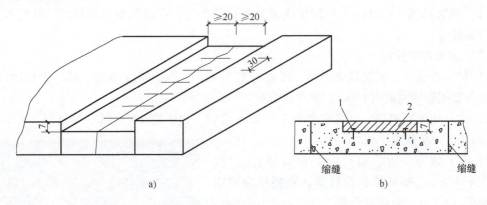

图 3-3 条带罩面法（单位：cm）

1—钯钉 2—新浇混凝土

② 用风镐或液压镐凿除两切缝内的混凝土，深度以 1/3 板厚（7～10cm）为宜。

③ 沿裂缝两侧 10cm，每隔 30cm 打一对钯钉孔，钯钉孔的大小应略大于钯钉直径 2～4mm，并在二钯钉孔之间打与钯钉孔直径一致的钯钉槽。

④ 钯钉采用 φ16 螺纹钢筋，使用前应除锈。钯钉长度分别不小于 20cm、30cm，长短交错布置，弯钩长度不小于 7cm。分离式加铺层应将钯钉植入旧路面表面以下不小于 3cm。钯

钉插入孔内前须将孔内填满快硬砂浆。

⑤ 切割的缝内壁应人工凿毛以增强新旧混凝土的粘结力,并清除碎块及吹净表面尘土。

⑥ 在修补面上先刷一层同混凝土配比的修补砂浆或环氧水泥砂浆,然后浇筑快硬混凝土,及时振捣密实、抹平。

⑦ 喷洒养护剂养生。为防止修补混凝土中水分沿相邻旧混凝土孔中失去,养护剂的喷洒面应延伸到相邻旧混凝土内20cm以上。

⑧ 修补面板的两侧缩缝应加深,并灌注填缝料,如图3-3b。

⑨ 在裂缝端部路肩处修盲沟以利排水。

4)宽度大于15mm的严重裂缝,可采用设置传力杆、拉杆的全深度补块或整块板翻修。设置传力杆、拉杆的全深度补块的施工工艺如下:

① 按平设传力杆方式。在修补的面板上平行于缩缝进行保留板块画线,沿画线位置进行全深度切割,如图3-4。

② 按斜设传力杆方式。沿裂缝两侧画间距30cm的平行线,沿划线位置与面板成60°交角进行全深度切割,如图3-5。

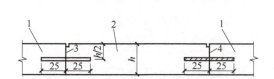

图3-4 平设传力杆方式(单位:cm)
1—保留板 2—全深度补块 3—缩缝 4—施工缝

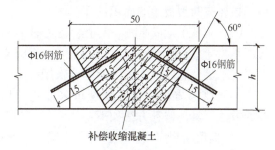

图3-5 斜设传力杆方式(单位:cm)

2. 破碎板

(1)病害描述 破碎板(图3-6)一般表现为两条以上裂缝交叉,使板断裂成3块以上。

(2)病害程度分级

1)轻:板块被裂缝分为3块以上,破碎板未发生松动和沉陷,损坏按板块面积计算。

2)重:轻块被裂缝分为3块以上,破碎板有松动、沉陷和唧泥等现象,损坏按板块面积计算。

图3-6 破碎板

(3)可能的形成原因 纵、横、斜等各种裂缝的发展,会造成一个整的路面板块破裂为两块或两块以上,即为断板,断板发展严重时,将形成路面板的破碎。故而引起路面板贯穿裂缝的各种单一因素或综合因素,都可能是造成路面板块断裂和破碎的原因。

此外，我国大部分公路都出现了比较严重的车辆超载现象，所以路面断板的另外一个不可忽略的原因是车辆严重超载而造成的板内应力突然集中。

（4）维修方法

1）轻度破碎板可采用封闭裂缝等方法控制其发展，以维持路面正常使用。

2）重度破碎板应立即做整板更换，同时对基层一并进行妥善处理。

3. 板角断裂

（1）病害描述　板角断裂一般表现为裂缝与纵横接缝相交，且交点距板角小于或等于板边长度一半的损坏。

（2）病害程度分级

1）轻：裂缝宽度小于 3mm，损坏按断裂板角的面积计算。

2）中：裂缝宽度在 3~10mm，损坏按断裂板角的面积计算。

3）重：裂缝宽度大于 10mm，断角有松动，损坏按断裂板角的面积计算。

（3）可能的形成原因　板角断裂（图3-7）通常是由于板角处受连续荷载作用、基础支撑强度不足及翘曲应力等因素综合作用产生。

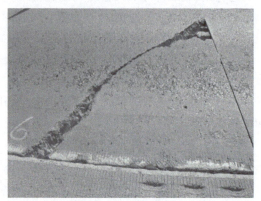

图 3-7　板角断裂

（4）维修方法　板角断裂可采取板角修补的方法。具体修补方法如下：

1）板角断裂应按破裂面的大小确定切割范围，且其修复纵向边不能位于车轮轨迹上。

2）切缝后，凿除破损部分时应凿成规则的垂直面。对原有钢筋不应切断，如不能全部保留，则至少保留 20~30cm 长的钢筋头，且应长短交错。

3）原有滑动传力杆，如有缺陷应予以更换并在新旧混凝土间加设传力杆，传力杆间距控制在 30cm。

4）基层不良时，应采用 C20 贫混凝土更换基层。贫混凝土基层技术要求应满足现行《公路沥青路面设计规范》（JTG D50—2017）中有关刚性基层的规定。

5）与原有路面板的接缝面应涂刷沥青，胀缝应设置接缝板。

6）现浇混凝土与旧混凝土板间的接缝应切出宽 3mm 深 40mm 的接缝槽，并灌入填缝材料。

7）待混凝土达到通车强度后，方可开放交通。

二、竖向变形类

1. 沉陷

（1）病害描述　沉陷指路面板块在局部路段范围内的下沉，低于相邻路面板平面或板块正常标高，造成 0.5% 以上的纵坡突变，或与邻板高差大于 20mm。

（2）病害程度分级

1）轻：车辆以限速驶过时仅引起无不舒适感的轻微跳动。

2）中：车辆驶过时有产生不舒适感的较大跳动。

3）重：车辆驶过时有产生过大的跳动，引起严重不舒适或不安全。

（3）可能的形成原因　水泥混凝土路面沉陷多与路基的不均匀变形有关，如路基填筑材料性能较差，或施工过程中压实度不足，在外部环境作用下，路基将产生局部或者整体沉陷，从而导致路面结构的整体沉陷，沉陷往往伴随产生路面板的错台现象。

（4）维修方法　水泥混凝土路面沉陷可采用板块顶升法、板底灌浆法或整板翻修。

1）板块顶升法：测量板块下沉量求出升起值；在混凝土板上钻孔，孔深略大于板厚；板块顶升采用起重设备或千斤顶；灌注石灰砂浆，水泥砂浆或干砂。

2）板底灌浆法：先在路面板底灌浆，再进行浅层结合式修补调平，或采用沥青混凝土罩面的办法处理。

3）水泥混凝土路面面板整板沉陷并发生碎裂，属于严重破碎板病害，应采取整板翻修。

2. 胀起

（1）病害描述　混凝土路面板在局部路段范围内，因路基的冻胀或膨胀土膨胀，使路面板向上隆起，造成路面板0.5%以上的突变纵坡，视为路面胀起病害。

（2）病害程度分级　可参照沉陷的分级方法。

（3）可能的形成原因　水泥混凝土路面胀起主要是由于路基的冻胀或膨胀土膨胀所引起。

（4）维修方法　挖开路面，用砂砾换填路基的冻胀土或膨胀土，再重做水泥面层。

三、接缝类

1. 接缝料损坏

（1）病害描述　接缝料损坏一般表现为填缝料长期在外界环境作用下老化脆裂或者由于路面板受热膨胀，挤压胀缝，致使填缝料被挤出，不能正常复原。

（2）病害程度分级

1）轻：填料老化，不密水，但尚未剥落脱空，未被砂、石、泥土等填塞，损坏按长度计算，检测结果要用影响宽度（1.0m）换算成面积。

2）重：三分之一以上接缝出现空缝或被砂、石、泥土填塞，损坏按长度计算，检测结果要用影响宽度（1.0m）换算成面积。

（3）可能的形成原因

1）由于填料缝本身质量不合格，造成接缝的填缝料老化、剥落等原因，接缝内已无填料，接缝被砂、石、土等填塞。

2）水泥混凝土板受热膨胀，胀缝填缝料受挤压，致使被挤出。

（4）维修方法　接缝填缝料损坏维修应符合下列规定：

1）接缝中的旧填缝料和杂物，应应清除，并将缝内灰尘吹净。

2）在胀缝维修时，应先用热沥青涂刷缝壁，再将接缝板压入缝内。对接缝板接头及接缝板与传力杆之间的缝隙，必须用沥青或其他填缝料填实抹平。上部用嵌缝条的应及时嵌入嵌缝条。

3）宜用嵌缝机填灌填缝料，填缝料应与缝壁粘结良好和填灌饱满。在气温较低季节施工时，应先用喷灯将接缝预热。

4）用加热式填缝料修补时，必须将填缝料加热至灌入温度；用常温式填缝料修补时无须加热。

5）填缝料的技术要求与施工质量验收标准除满足本技术指南外，还应满足现行水泥混凝土路面有关施工规范的规定。

2. 纵向接缝张开

（1）病害描述

纵向接缝（图3-8）张开一般表现为纵向接缝缝隙逐渐变宽，两侧板块分离3mm以上。

（2）病害程度分级

1）轻：纵缝张开3～10mm。

2）重：纵缝张开10mm以上。

（3）可能的形成原因 由于在纵缝内未按规定要求设置拉杆，相邻车道板块在温度和横向坡度的影响下出现横向位移，使纵缝缝隙逐渐变宽。

（4）维修方法

1）纵向接缝张开宽度在10mm以下时，采取聚氯乙烯胶泥、焦油类填缝料和橡胶沥青等加热施工式填缝料维修。

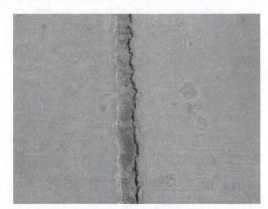

图3-8 纵向接缝张开

2）纵向接缝张开宽度在10mm以上、15mm以下时，宜采取聚氨酯类常温施工式填缝料维修。

3）纵缝张开宽度在15mm以上时，采用改性沥青砂填封。

3. 板底脱空

（1）病害描述 板底脱空病害一般表现为水泥混凝土路面板和基层之间出现空隙。

（2）病害程度分级 板底脱空病害不分级。

（3）可能的形成原因 公路路面基层材料一般使用稳定类集料，其模量远小于混凝土面层的模量，路面在重车荷载的反复作用下，板下基层产生累积塑性变形，使混凝土板的局部不再与基层保持连续接触，于是水泥混凝土路面板底与基层之间出现微小的空隙，即出现了板下局部脱空，同时温度、湿度的变化，以及板内温度的非线形分布，引起板向上或向下翘曲，加速了板与基础之间的分离，形成板底脱空。板底脱空往往伴随有唧泥发生。

（4）维修方法 板底脱空病害一般采用压力灌浆法处理。具体处理方法如下：

1）确定水泥路面板块脱空位置。

2）人工布孔或机械钻孔，用沥青灌注、水泥灌浆和水泥粉煤灰灌浆等方法进行板下封堵。

3）待沥青冷却，水泥灰浆达到抗压强度后，方可开放交通。

4. 唧泥

（1）病害描述 唧泥指板块在车辆驶过后，接缝处有基层泥浆涌出。唧泥往往伴随板底脱空发生。唧泥逐渐使基础失去支撑能力，在荷载的重复作用下，最终将产生板断裂的现象。损坏按长度计算，检测结果要用影响宽度（1.0m）换算成面积。

(2) 病害程度分级　唧泥病害不分级。
(3) 可能的形成原因　唧泥产生的主要原因是填缝料损坏，雨水下渗和路面排水不良。
(4) 维修方法

1) 压浆处理，参照板底脱空。
2) 路面裂缝、接缝以及路面与路肩接缝应进行密封。
3) 设置纵向积水管和横向出口管。即在水泥路面外侧边缘挖纵向沟，沟底应低于基层以下 15cm，每隔 30m 左右，再挖一条与纵沟交角在 45°～90°的横沟，以利排水和清理管内杂物（积水管可采用多孔塑料管，出水管为无孔塑料管）。
4) 按《公路水泥混凝土路面设计规范》（JTG D40—2011）要求在路面外侧设置纵横排水盲沟，沟底在面板 10cm 以下，横沟在路面接缝处。

5. 错台

(1) 病害描述

错台（图 3-9）一般表现为在路面接缝或裂缝处，接缝两边出现的高差大于 5mm，形成了台阶。

(2) 病害程度分级

1) 轻：高差小于 10mm，损坏按长度计算，检测结果要用影响宽度（1.0m）换算成面积。
2) 重：高差大于 10mm 以上，损坏按长度计算，检测结果要用影响宽度（1.0m）换算成面积。

图 3-9　错台

(3) 可能的形成原因　错台主要是由于局部地基的不均匀下沉或在温度和湿度的作用下，板在接缝处产生翘曲或传力杆功能不完善或失效，致使相邻水泥混凝土路面板在车辆的重复荷载作用下产生不均匀沉降。

(4) 维修方法　错台的维修方法有磨平法和填补法两种，可按错台的轻重程度选定。

1) 磨平法：高差≤10mm 的错台，可用磨平机磨平。
2) 填补法：高差＞10mm 的严重错台，可采用沥青砂或水泥混凝土进行处治。

6. 边角剥落

(1) 病害描述　边角剥落（图 3-10）一般表现为沿接缝方向的板边碎裂和脱落，裂缝面和板面成一定角度，但未全部贯通板厚。

(2) 病害程度分级

1) 轻：浅层剥落，损坏按长度计算，检测结果要用影响宽度（1.0m）换算成面积。
2) 中：中深层剥落，接缝附近水泥混凝土有开裂，损坏按长度计算，检测结果要用影响宽度（1.0m）换算成面积。
3) 重：深层剥落，接缝附近水泥混凝土

图 3-10　边角剥落

多处开裂，深度超过接缝槽底部，损坏按长度计算，检测结果要用影响宽度（1.0m）换算成面积。

（3）可能的形成原因　边角剥落是由于接缝施工不当或缝隙内进入不可压缩材料，邻近接缝或接缝约60cm宽度内，出现并未扩展到整个板厚的裂缝，或者未出现混凝土分裂成碎块或碎屑。

（4）维修方法

1）水泥混凝土路面板边轻度、中等剥落时，应将剥落的表面清理干净，用沥青混合料或接缝材料修补平整。

2）水泥混凝土路面板边严重剥落时，可采取扩缝灌浆法。

3）水泥混凝土路面板边全深度破碎时，可采取条带罩面法进行补缝。

7. 拱起

（1）病害描述　拱起一般表现为横缝两侧的板体发生明显抬高，高度大于10mm，损坏按拱起所涉及的板块面积计算。

（2）病害程度分级　拱起病害不分等级。

（3）可能的形成原因　拱起主要是缝被硬物阻塞，或胀缝设置不当，导致混凝土面板在气温升高膨胀时受阻，某一接缝或裂缝两侧的板向上拱起，表现为纵向压曲失稳。

（4）维修方法

1）板端拱起，但路面完好时，可按多余板的长度，将拱起板两侧附近2～3条横缝切宽，待应力释放后切除拱起端，板复原位，再清缝、灌缝。

2）因胀缝设置不当发生的拱起，应重新设置胀缝。

3）因硬物夹入发生的拱起，应将硬物清除，再清缝、灌缝。

4）板端拱起发生断裂或破损时，根据破损情况采用裂缝修理的方法处理。

四、表面类

1. 露骨

（1）病害描述　露骨（图3-11）指水泥混凝土路面板块表面细集料散失、粗集料暴露或表层松疏剥落，损坏按面积计算。

（2）病害程度分级

1）轻：路面露骨深度≤3mm。

2）重：路面露骨深度>3mm。

（3）可能的形成原因　露骨一般是由于行车荷载反复作用，水泥浆含量不足以及混凝土耐磨性差，水泥混凝土路面板表面水泥砂浆散失引起。

（4）维修方法　路面轻度露骨一般可不予处理，路面重度露骨可采取罩面处理。

图3-11　露骨

2. 表面裂纹

（1）病害描述　裂纹一般表现为水泥混凝土路面板表面浅层裂纹。

（2）病害程度分级　表面裂纹不分级。

（3）可能的形成原因　表面裂纹是由冰冻、活性集料反应，或在施工期间混凝土塑性收缩引起的。

（4）维修方法　表面裂纹一般可不予处理。

3. 坑洞

（1）病害描述　坑洞（图3-12）指板面出现有效直径大于30mm、深度大于10mm的局部凹坑，损坏按坑洞或坑洞群所涉及的面积计算。

（2）病害程度分级　坑洞不分级。

（3）可能的形成原因　由于砂石含泥量过大，与水泥浆体界面结合差或冻融或膨胀，粗集料从混凝土中脱落出而形成坑洞。

（4）维修方法

1）对个别坑洞，应清除洞内杂物，用水泥砂浆等材料填充，达到平整密实。

2）对较多坑洞且连成一片的，应采取薄层修补方法进行修补。

3）对面积较大，深度在30mm以内、成片的坑洞，可用沥青混凝土进行修补。

图3-12　坑洞

案例分析

海文高速公路主线 AK22＋000～AK31＋000 段海文方向路面养护维修案例

一、案例背景资料

1. 工程概况

工程概况参见3.1节案例分析。

2. 海文高速路面破损状况调查

2012年7月开始，对海文高速路面破损状况进行了调查，调查结果显示：海文高速公路主线双向典型病害主要以断裂类病害为主，海文方向 AK22＋000～AK31＋000 段以断裂类病害为主，错台较为严重。路面取芯情况表（表3-27）给出了芯样钻取位置，面层、基层的实测厚度及松散状况，芯样的外观描述等内容，具体描述如下：

表3-27　路面取芯情况表

板　号	水泥板厚度/cm	水稳层厚度/cm	取芯位置描述	芯样描述
AK22-042	22.5	19.0	弯沉点	板块完好，芯样完整；基层侧壁多孔隙，层间连接完好
AK22-072	21.5	21.0	弯沉点	板块完好，芯样完整，层间连接完好；基层完好，侧壁基本无孔隙
AK22-078	23.2	—	纵向裂缝	跨缝取芯，取芯时水分全部下渗，洞口无水；裂缝延伸到基层，基层全部松散开裂，基层散开无厚度

（续）

板　号	水泥板厚度/cm	水稳层厚度/cm	取芯位置描述	芯样描述
AK23-012	21.5	23.0	弯沉点	芯样完好，层连接完好；基层完好，底部轻微松散，侧壁孔隙较少
AK24-076	23.0	20.5	轻微错台	面层芯样完好；层间有脱空，基层底部松散
AK26-038	24.8	18.0	破碎板	基层顶面松散、脱空，破碎板未发生松动和沉陷
AK26-041	21.3	21.0	弯沉点	基层松散断裂，基层侧壁底部多孔隙；底基层顶面松散
AK26-116	23.0	—	横向裂缝	面板开裂，裂缝宽度5mm；基层全部松散
AK26-137	23.5	—	弯沉点	面层完好；基层全部松散未取出，基层全部开裂，侧壁多孔松散
AK29-006	23.2	18.5	弯沉点	板块芯样完整；层间连接较好，基层全部松散、侧壁基本无孔隙
AK31-040	24.5	18.5	弯沉点	芯样完整；层间连接较好，基层全部松散、侧壁基本无孔隙

二、案例分析要求

分析案例中 AK22-084 纵向裂缝（图 3-13）、AK24-076 轻微错台、AK26-038 破碎板、AK26-116 横向裂缝（图 3-14）等各种病害的发生原因，并给出各种病害的处理方法。

图 3-13　AK22-084 纵向裂缝处取芯

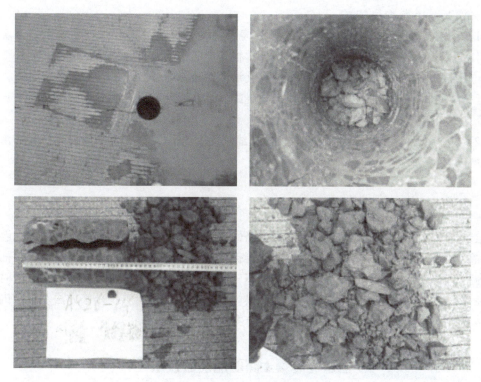

图 3-14　AK26-116 横向裂缝处取芯

三、案例分析过程

1. AK22-078 纵向裂缝

（1）病害发生原因　对纵向裂缝取芯可以看出，纵向裂缝贯穿面层、基层，并且基层芯样全部松散开裂。故该处纵向裂缝产生原因主要是下部基层承载力不足，在行车荷载作用下，久而久之，路面出现纵向裂缝。

（2）病害的处理方法　本案例照片显示裂缝窄、裂缝处未剥落，缝宽小于 3mm，判定为轻度裂缝。但发现水泥稳定基层完全松散，需将基层一并挖除，用 C15 混凝土基层更换损坏的水泥稳定基层，再铺筑面层。

2. AK24-076 轻微错台

（1）病害发生原因　对错台病害取芯来看，错台前后两块板的基层与面层间均存在脱空、松散的现象。对错台处下沉板芯样与抬高板芯样的对比发现，下沉板脱空、松散程度较抬高板严重，从而造成路面错台产生。

（2）病害的处理方法　AK24-076 处为轻微错台，可采用磨平机磨平。

3. AK26-038 破碎板

（1）病害发生原因　水稳基层设计厚度为 20cm，从现场破碎板芯样来看，水稳基层检测芯样厚度为 18cm，说明基层厚度不足，基层承载能力不足，造成基层松散、板底脱空加剧了板块破碎。

（2）病害的处理方法　因破碎板未发生松动和沉陷，故判定为轻度破碎板。基层只存在顶面松散，故可采用封闭裂缝等方法控制其发展，以维持路面正常使用。

4. AK26-116 横向裂缝

（1）病害发生原因　对横向裂缝取芯发现：横向裂缝贯穿芯样面层、基层；面层与基层层间粘结差，出现松散、脱空现象；面层芯样厚度不满足设计要求（24cm）。分析横向裂缝产生原因：①基层强度不足，在行车荷载及温度翘曲应力作用下，使路面应力集中，当应力超过极限强度时，就会在厚度薄弱处产生裂缝。②路面结构层厚度偏薄，芯样厚度达到设计厚度也是产生横向裂缝的重要原因。

（2）病害的处理方法　AK26-116 横向裂缝宽度为 5mm，判定为中等裂缝，可采用条带罩面法修补。

本节总结

通过本节内容的学习，掌握水泥混凝土路面各种病害发生的原因和维修方法，能够进行水泥混凝土路面病害原因分析，提出合适的养护维修方法。本节案例以水泥混凝土路面病害分析为主，由于水泥混凝土路面病害种类较多，同一种病害存在多种可能原因，分析时往往容易混淆，此外分析时要有针对性，要针对具体的病害情况提出养护维修方法。本节内容为后续学习如何制订水泥混凝土路面养护维修方案打下基础。

3.3　旧水泥混凝土路面加铺层技术

一、旧水泥混凝土路面加铺层类型

旧水泥混凝土路面加铺层是指为提高原有路面的承载能力，在其上加铺的水泥或沥青混凝土层。旧水泥混凝土路面加铺层包括结合式（或分离式）水泥混凝土加铺层、沥青混凝土加铺层两种。结合式水泥混凝土加铺层是指对旧水泥混凝土板采取一定技术处理后，使加铺层与旧水泥混凝土板完全粘结在一起。分离式水泥混凝土加铺层是指在原有混凝土路面上铺沥青材料或其他材料的隔离层，其上再铺筑新混凝土面层。

二、旧水泥混凝土路面加铺层适用的技术条件

根据使用要求及旧混凝土路面的综合评定结果，可选用结合式（或分离式）水泥混凝土加铺、沥青混凝土加铺方案，经技术经济比较后确定。

当旧混凝土路面的损坏状况和接缝传荷能力评定等级为优良，面层板的平面尺寸及接缝布置合理，路拱横坡符合要求时，可采用结合式（或分离式）混凝土加铺方案、沥青混凝土加铺方案。

当旧混凝土路面的损坏状况和接缝传荷能力评定等级为中等以上时，或者新旧混凝土板的平面尺寸不同、接缝形式或位置不对应或路拱横坡不一致时，可采用分离式混凝土加铺方案或沥青混凝土加铺方案。

当旧混凝土路面的损坏状况和接缝传荷能力评定等级为次等以上时,可采用沥青混凝土加铺方案。

三、旧水泥混凝土路面的处理

1)选择沥青混凝土或水泥混凝土加铺方案时,必须对旧水泥混凝土路面进行处治,应更换破碎板,修补和填封裂缝,压浆填封板底脱空,磨平错台,清除旧混凝土面层表面的松散碎屑、油迹或轮胎擦痕,剔除接缝中失效的填缝料和杂物,并重新封缝。

2)选择沥青混凝土或水泥混凝土加铺方案时,对于检测有明显板底脱空的路段,应采用压浆材料填封板底脱空,浆体材料应具备流动性好、早期强度高、无离析、无泌水、无收缩等特性。

3)当旧水泥混凝土面层损坏状况严重时,宜选用打裂压稳方案或碎石化方案处治旧混凝土路面,根据公路等级和交通状况,将处治后的旧路面选择用做改建路面的基层或底基层。

4)选择打裂压稳改建方案时,打裂后应使75%以上的旧混凝土板产生不规则开裂,相邻裂缝形成的块状面积为 $0.4 \sim 0.6 m^2$;选择碎石化改建方案时,破碎后应使75%以上的旧混凝土板破碎成小于400mm的颗粒。

四、结合式水泥混凝土加铺层

1)结合式水泥混凝土加铺层厚度一般不小于10cm。

2)设置结合式加铺层的主要目的是改善旧混凝土面层的表面功能,或者提高其承载能力或延长其使用寿命。结合式加铺层的厚度较薄,旧面层的接缝和发展性裂缝都会反射到加铺层上。所以,只有当旧混凝土路面结构性能良好,其损坏状况和接缝传荷能力均评定为优良时,才能采用结合式加铺层。

3)结合式加铺层的厚度小,加铺层与旧混凝土面层的结合便成为这种加铺形式成功的关键。因此,一方面需采取措施彻底清理旧混凝土面层表面的污垢和水泥砂浆体,并使表面粗糙,另一方面需在清理后的表面涂以乳胶和环氧树脂等高强的粘结剂,使加铺层与旧混凝土面层粘结为一个整体。

4)由于加铺层薄,层内不设拉杆和传力杆,加铺层的接缝形式和位置必须与旧混凝土面层完全对应,以防加铺层产生反射裂缝或与旧混凝土面层之间出现层间分离。

5)结合式加铺层与旧混凝土板粘结在一起,围绕一个共享的中和面弯曲。加铺层处于受压状态,旧混凝土板处于受拉状态。因此,旧混凝土板的应力和混凝土弯拉强度在设计中起控制作用。

五、分离式水泥混凝土加铺层

1)分离式水泥混凝土加铺层厚度一般不小于18cm。

2)分离式加铺层与旧混凝土面层之间设置了隔离层,可隔断加铺层与旧面层的粘结,使加铺层成为独立的结构受力层。隔离层既可以防止或延缓反射裂缝,需要时也可以起到调平层的作用,因此,分离层加铺层适用于损坏状况及接缝传荷能力评定为中级和次级的旧混凝土路面。同时,加铺层的接缝形式和位置也不必考虑与旧混凝土面层接缝相对应。相反,加铺层的接缝位置如能与旧面层接缝相互错开1m以上，使作用在加铺层板边的荷载能下传到旧面层板的中部，反而可改善加铺层的受荷条件。

3) 加铺层与旧混凝土面层之间必须保证完全隔离，因此，沥青混合料隔离层必须具有足够的厚度；同时，也不能采用松散粒料做隔离层。

4) 分离式加铺层与旧混凝土面层之间设有隔离层，上下层板围绕各自的中和面弯曲，分别承担一部分弯矩。因此，加铺层和旧混凝土面层的应力和混凝土弯拉强度在设计中均起控制作用。在设计时，须协调上下层的厚度（影响应力值）和弯拉强度的比例关系，以获得优化的设计。

六、沥青混凝土加铺层

1) 当旧混凝土路面的损坏状况和接缝传荷能力评定等级为优良或中时，可采用沥青加铺层。加铺层铺筑前应更换破碎板，修补和填封裂缝，磨平错台，压浆填封板底脱空，清除旧混凝土面层表面的松散碎屑、油迹或轮胎擦痕，剔除接缝中失效的填缝料和杂物，并重新封缝。

2) 沥青面层可由单层或双层组成，至少有一层采用密级配沥青混合料，可根据需要设置调平层。沥青加铺层的下层采用开级配沥青碎石混合料时，必须在路面边缘设置内部排水系统。

3) 沥青加铺层厚度应与混合料的公称最大粒径相匹配，按减缓反射裂缝的要求确定，高速公路和一级公路的最小厚度为100mm，其他等级的公路最小厚度宜为70mm。

4) 在旧水泥混凝土路面上加铺沥青层时，宜用热沥青或改性乳化沥青、改性沥青做黏层，加强层间结合，避免层间滑移。

5) 防止和控制反射裂缝是沥青加铺层设计的重点。反射裂缝是由于旧混凝土面层在接缝或裂缝附近出现较大的位移，引起其上方沥青加铺层内出现应力集中所造成的。它包括因温度和湿度变化而产生的水平位移，以及因交通荷载作用而产生的竖向剪切位移。接缝传荷能力评定等级为中时，应根据气温、荷载、旧混凝土路面承载能力、接缝处弯沉差等情况选用下述减缓反射裂缝的措施：

① 增加沥青加铺层的厚度。

② 在加铺层内设置橡胶沥青应力吸收夹层、玻璃纤维布或者土工织物夹层。

a. 应力吸收层，包括STRATA、SAMI、ISAC等，厚度为20～30mm，其作用为降低旧混凝土面层与沥青加铺层之间的粘附阻力，从而减少温度下降引起的反射裂缝。

b. 聚酯玻纤布，由玻璃纤维和聚酯纤维组成的一种玻纤复合防裂材料，既有较高拉伸强度，又有一定变形延展能力，对于温度和荷载引起的反射裂缝都有一定的抑制作用。

c. 土工织物夹层，包括聚丙烯或聚酯织物以及聚乙烯、聚酯无纺织物，其作用原理与橡胶沥青应力吸收夹层相同。

③ 沥青加铺层的下层采用裂缝缓解层。裂缝缓解层包括大粒径开级配沥青碎石和级配碎石。大粒径沥青碎石的厚度一般为80～120mm，级配碎石的厚度一般为100～150mm。其作用为削弱拉应力、拉应变的传递能力，并且能消散、吸收由交通荷载及温度变化产生的荷载应力和温度应力。

④ 在沥青加铺层上，对应旧混凝土面层的横缝位置锯切横缝。

6）当沥青加铺层厚度较小时，加铺层对于降低旧混凝土板荷载应力的效果很有限，加铺层下的旧混凝土路面仍起关键的承载作用，旧混凝土板的应力和混凝土弯拉强度在设计中起控制作用；当沥青加铺层厚度较大时，也可按新建沥青路面进行加铺层结构设计。

七、加铺层设计方案选择

对旧混凝土路面进行分路段等级评定，若路面的断板率和平均错台量评定等级不一致时，以指标中较低的评定等级作为该路段的损坏状况评定等级。按路段综合评定结果，参照表3-28 选定采用何种加铺结构或改建方式。

表3-28 旧水泥混凝土路面加铺改建方案

接缝传荷能力评价等级		优	良	中		次	差
路面损坏状况评价等级		优良	其他	中等以上	其他		
加铺改建方式	结合式混凝土加铺	★					
	分离式混凝土加铺	★	★	☆			
	沥青混凝土加铺	★	★	★	★	☆	
	破裂稳固改建				★	★	
	碎石化改建					★	★
	挖除改建						★

注：★——各等级公路适宜加铺改建方案；
　　☆——二级及以下公路适宜加铺改建方案，高速、一级公路不宜采用。

案例分析

318 国道江苏段水泥混凝土路面养护维修案例

一、案例背景资料

1. 工程概况

318 国道起点为上海，终点为西藏友谊桥，全长 5476km。沪苏浙段是穿越长江三角洲地区的重要交通通道。但是长期以来，由于其路面水泥板破坏现象较为严重，路面状况较差，已不能满足日益增长的交通量需求。

2. 路面状况调查与评价

（1）路面破损调查　旧水泥混凝土路面破损状况采用路面状况指数（PCI）（表3-29）和断板率（DBL）（表3-30）两项指标进行评定。调查以每百米作为一个评价路段，以最不利评价结果作为该路段的路面破损状况评价等级，并以此作为路面加铺方案设计的参考指标。

（2）路面厚度与强度　对所取路面完好处的芯样进行劈裂试验，得到芯样的劈裂强度值，并由此计算得到路面混凝土材料的弯拉强度和弯拉弹性模量，见表3-31。

表 3-29　旧水泥混凝土路面状况指数（PCI）评价表

PCI 评价等级	各路面破损状况等级里程（km）占调查路面总长度百分比（%）				
	优	良	中	次	差
右幅	40.7	5.4	0.0	0.0	0.0
	88.29%	11.71%	0.0%	0.0%	0.0%
左幅	40.0	7.3	0.0	0.0	0.0
	84.57%	15.43%	0.0%	0.0%	0.0%

表 3-30　旧水泥混凝土路面状况指数（DBL）评价表

DBL 评价等级	各路面破损状况等级里程（km）占调查路面总长度百分比（%）				
	优	良	中	次	差
右幅	3.6	1.6	2.8	5.8	32.3
	7.81%	3.47%	6.07%	12.58%	70.07%
左幅	3.5	2.2	1.9	5.6	34.1
	7.40%	4.65%	4.02%	11.84%	72.09%

表 3-31　旧水泥混凝土路面结构参数统计表

方向	面板厚度/cm	劈裂强度平均值/MPa	劈裂强度标准差/MPa	劈裂强度标准值/MPa	弯拉强度标准值/MPa	弯拉弹性模量标准值/MPa
左幅	21.5	3.53	1.00	2.49	4.19	31091
右幅	21.0	3.67	0.95	2.68	4.31	31720

根据芯样试验结果，旧水泥板完好处弯拉强度较高，结构强度较好。

（3）路面弯沉测试与分析　针对水泥混凝土路面整体状况，在全线范围内，选取10个具有代表性的段落，每个段落500m，100块水泥板，对段落内完好处每块水泥板进行板中、板角弯沉检测。

1）板体脱空评价。根据板角弯沉检测结果：路面状况好的路段板角弯沉小于14（0.01mm）的点占总测点的60%以上；路面状况中、差的路段板角弯沉小于14（0.01mm）的点占总测点的30%左右。根据检测结果，水泥板断裂多的路段内水泥混凝土板体脱空严重。

2）板间传荷能力评价。根据板角弯沉检测结果：水泥混凝土板板间接缝传荷能力尚好，只有部分路段接缝传荷能力较差，接缝传荷能力为中、差的水泥板块数为总测数的12.3%。

二、案例分析要求

现已对318国道江苏段旧水泥混凝土路面进行了病害处理，要求对318国道江苏段进行加铺层设计，绘制路面结构设计图（包括层间结合层，如黏层、防水层等）。

三、案例分析过程

当旧混凝土路面的损坏状况和接缝传荷能力评定等级为优良或中时，可采用沥青混凝土加铺层。

1. 沥青加铺层材料的选择

江苏经过近几年对上面层结构类型的研究，对AC-13C的设计方法及级配进行了优化，采用试件空隙率为 4.0%~5.5%，并对《公路沥青路面施工技术规范》（JTG F40—2004）级配进行了改良，调整部分筛网通过量的范围。形成了改进型 AC-13C 上面层技术。

综合考虑经济性、技术以及项目实际情况，沥青加铺层采用改进型 AC-13C 加 AC-20C。

2. 沥青加铺层厚度设计

目前国内外已形成了四种相对成熟的沥青混凝土加铺层设计方法：AASHTO 方法、沥青学会的方法、ARE、美国工程兵团和联邦航空局（FAA）法。根据以上四种方法分别计算，本次设计罩面层计算厚度分别为 11.0cm，12.0cm，11.0cm 和 11.6cm。

在考察大量的水泥混凝土加铺改造成功经验的基础上，结合本设计路段实际情况，拟定在不破碎水泥混凝土板时结合纵断面加铺两层沥青混凝土面层（4cm+8cm）。

3. 中间夹层的选择

国内外的实践表明设置中间夹层，对于防治反射裂缝有一定的有效性。夹层的种类很多，模量也相差较大，常用的有改性沥青防水油毡、SAMI 和土工材料夹层，材料性能差异对比见表 3-32。

表 3-32 中间夹层材料对比表

	常见材料	特点
高模量夹层	如土工织物、玻纤格栅	可以有较高的强度，加筋稳定，有较好的耐高温性能
低模量夹层	SAMI	可以吸收或缓冲裂缝尖端的应力集中，对于抑制反射裂缝的产生和扩散具有一定的效果，且具有一定的防渗效果

通过对经济、技术等多方面的综合比较，设计中采用 SBS 改性沥青 SAMI 作为中间夹层。

4. 沥青加铺层结构设计图

沥青加铺层设计图如图 3-15 所示。

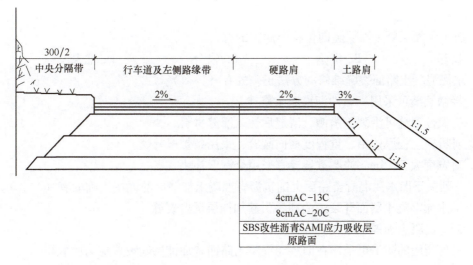

说明：
1. 本图尺寸以cm计。
2. 先将原路面清理干净，再洒布黏层油。
3. 加铺层所采用沥青的各项标准应符合《公里沥青路面施工技术规范》的要求。

图 3-15 沥青加铺层设计图

本节总结

通过本节内容的学习，掌握水泥混凝土路面加铺层的适用范围、材料要求、厚度要求、施工方法，能够进行水泥混凝土路面加铺层结构设计。本节案例以水泥混凝土路面加铺层设计为主，要弄清各种类型加铺层的特点和适用场合，要针对具体的病害情况提出合适的加铺方案。本节内容为后续学习如何制订水泥混凝土路面养护维修综合方案打下基础。

本模块小结

目前国内公路旧水泥混凝土路面很多，水泥混凝土路面养护与维修是从事道路工程施工、养护人员常遇到的问题。在水泥混凝土路面养护工作中，路面养护人员应首先进行水泥混凝土路面路况调查，计算各项评价指标，给出养护维修对策，诊断各路面局部病害的发生原因，制订养护维修方案。

自我测评

一、单项选择题

1. 属于水泥混凝土面层表层类病害的有（　　）。
   A. 起皮　　　　B. 唧泥　　　　C. 露骨　　　　D. 板角断裂
2. 常常与水泥混凝土路面唧泥病害伴随出现的是（　　）。
   A. 胀起　　　　B. 纵向接缝张开　　C. 板底脱空　　D. 错台
3. 水泥混凝土路面保养的重点是（　　）。
   A. 接缝　　　　B. 板面　　　　C. 板角　　　　D. 板底

二、多项选择题

1. 属于水泥混凝土面层竖向位移类病害的有（　　）。
   A. 拱起　　　　B. 沉陷　　　　C. 错台　　　　D. 胀起
2. 水泥混凝土路面裂缝维修的方法正确的有（　　）。
   A. 轻微裂缝可采用高黏性沥青灌浆修补
   B. 扩展性裂缝可沿裂缝凿槽，清缝后注入灌缝材料
   C. 对贯穿全板厚的中、重程度横向裂缝，采用条带罩补缝
   D. 对宽度大于15mm的严重裂缝宜采用全深度补块
3. 下列关于旧水泥混凝土路面上铺筑沥青混凝土加铺层的说法正确的有（　　）。
   A. 旧水泥混凝土路面开裂未治理易引起加铺层反射裂缝
   B. 沥青混凝土加铺层厚度一般≥7cm
   C. 反射裂缝的防治可采用在旧水泥混凝土路面和加铺层间设置应力吸收层
   D. 旧水泥混凝土路面板板底脱空未治理会导致加铺层较快出现开裂唧泥等病害
4. 采用灌浆稳板工艺治理水泥混凝土路面板底脱空，下列说法错误的有（　　）。
   A. 灌浆稳板工艺即是对板下注入微膨胀水泥砂浆
   B. 灌浆稳板工艺不能排除板下积水

C. 灌浆稳板工艺可垫实脱空层

D. 灌浆稳板工艺可填补破损接缝

5. 水泥混凝土路面上沥青混凝土加铺层反射裂缝防治方法有（　　）。

A. 设置土工织物夹层

B. 破碎旧混凝土板

C. 铺设应力吸收膜和应力吸收层

D. 在旧水泥混凝土路面接缝对应的沥青加铺层位置锯缝

6. 水泥混凝土路面错台处理的方法有（　　）。

A. 磨平法　　　　B. 填补法　　　　C. 板块顶升法　　　　D. 灌浆法

三、问答题

1. 什么是水泥混凝土路面唧泥？
2. 什么是水泥混凝土路面拱起？
3. 水泥混凝土路面加铺层有哪些类型？

案例实训

水泥混凝土路面养护与维修实训

一、已知条件

1. 工程概况

107国道宏远桥至高步路口段旧水泥混凝土路面始建于1984年，全长6.9km。行车道由中央分隔带分离，两侧各宽15m。非机动车道宽2~5m。交通量繁重，已基本趋于饱和，且过往货柜车等大型重车多，致使原有旧路，特别是重车道破坏严重。

2. 路况调查

（1）破损调查　对107国道宏远桥至高步路口段旧水泥混凝土路面病害进行了全面调查，调查以板为单位进行，由中央分隔带往两侧对板进行编号，分别为左1、左2、左3、左4、左5和右1、右2、右3、右4、右5。107国道宏远桥至高步路口段旧水泥混凝土路面左幅各种病害的分布列于表3-33~表3-39。

表3-33　107国道K0+000~K0+999旧水泥混凝土路面病害类型统计表（左侧）

病害位置桩号	左5板	左4板	左3板	左2板	左1板
	板宽3.4m	板宽2.0m	板宽3.5m	板宽3.5m	板宽2.6m
K0+109				啃边	
+133				断板	
+138				断板	
+143				断板	
+148				断板	
+158				断板	
+170				断板（2条）	
+178				断板	
+183				断板	

（续）

病害位置桩号	左5板 板宽 3.4m	左4板 板宽 2.0m	左3板 板宽 3.5m	左2板 板宽 3.5m	左1板 板宽 2.6m
+188				断板	
+197~200				网裂、沉降	
+205				断板	
+217				断板	
+223				断板	
+235				纵裂	
+260（地道涵）	碎裂、错台	碎裂、错台	碎裂、错台	碎裂、错台	碎裂、错台
+275（地道涵）	碎裂、错台	碎裂、错台	碎裂、错台	碎裂、错台	碎裂、错台
+660（涵洞边）	宽缝				
+670（涵洞边）	宽缝				
+882	横裂	纵横裂		横裂	
+885				碎裂 $1m^2$	
K0+955				纵裂	纵裂

表 3-34　107 国道 K1+000~K1+999 旧水泥混凝土路面病害类型统计表（左侧）

病害位置桩号	左5板 板宽 3.4m	左4板 板宽 2.0m	左3板 板宽 3.5m	左2板 板宽 3.5m	左1板 板宽 2.6m
K1+003				横裂	
+010				横裂	
+014				横裂	
+070				纵横裂	横裂
+075				1纵裂、2横裂	
+080				碎裂 6m×3.5m	
+088				下沉， 修补 6m×3.5m	接缝坏 0.5m 宽
+100				纵横裂、错台	
+060~110				纵裂、沉降（大）	
+152				横裂	
+166				横裂	
+280					横裂
+300				换板 5m×3.5m	
+328				3横裂、1纵裂	
+345				2横裂	
+350				1横裂、1斜裂	
+358				1横裂、1纵裂	
+365				纵裂	纵裂

(续)

病害位置桩号	左5板 板宽3.4m	左4板 板宽2.0m	左3板 板宽3.5m	左2板 板宽3.5m	左1板 板宽2.6m
+380				横裂	
+400				横裂	
+406				横裂	
+413				横裂	
+450		错台1cm			
+478				横裂	
+530					换板5m×2.6m
+545		接缝破坏0.3m×7m		碎裂4m²、沉降>2cm	
+550		拱胀（切开）		换板5m×3.5m	
+633				缝宽4cm	
+680	冒水（12m长），压浆			纵裂	
+770				纵裂	
K1+885				错台>2cm	
K1+990	换板5m×3.4m				

表3-35　107国道 K2+000～K2+999 旧水泥混凝土路面病害类型统计表（左侧）

病害位置桩号	左5板 板宽3.4m	左4板 板宽2.0m	左3板 板宽3.5m	左2板 板宽3.5m	左1板 板宽2.6m
K2+020	换板5m×3.4m				
K2+055				沉降	
+105				错台>1.5cm	
+125				错台>1.5cm	
+230				沉降	
+239				错台	
+270				裂缝宽2.5cm	
+280				横裂	
+310				横裂	
+340				横裂	
+355				沉降、坑槽	
+365				横裂	
+420				碎裂3m²	
+430				沉降	
+450		换板5m×2m			
K2+470	新建水泥混凝土路面起点（板长4.7m，板宽3.8m，绿化带侧石高38.5cm）				

（续）

病害位置桩号	左5板 板宽3.4m	左4板 板宽2.0m	左3板 板宽3.5m	左2板 板宽3.5m	左1板 板宽2.6m
K2+880			新建水泥混凝土路面止点		
K2+890				沉降、断角	
+895				大沉降、错台	
+900				大沉降、错台	
+905				大沉降、错台	横裂
+910				断角	
+923				横裂	
K2+963				沉降>1.5cm	横裂

表3-36　107国道K3+000~K3+999旧水泥混凝土路面病害类型统计表（左侧）

病害位置桩号	左5板 板宽3.4m	左4板 板宽2.0m	左3板 板宽3.5m	左2板 板宽3.5m	左1板 板宽2.6m
K3+008				横裂	
+080				断边	
+117				断角	
+120					纵裂、沉降
+158				横裂	纵裂
+160					纵向接缝 板边碎裂
+165					纵向接缝 板边碎裂
+172					纵向接缝 板边碎裂、龟裂
+177					纵向接缝 板边碎裂0.3m²
+217				纵向接缝板边碎裂、沉降	
+220				断角	
+230				错台>1.0cm	
+235				碎整板，换整板	
+239				碎裂长50m	
+269					沉降、错台>1.5cm
K3+279					碎裂1m²
+423				横裂	横裂

（续）

病害位置桩号	左5板 板宽3.4m	左4板 板宽2.0m	左3板 板宽3.5m	左2板 板宽3.5m	左1板 板宽2.6m
+436				碎裂0.3m²	
+507				碎裂3m²	碎裂2m²
+583				横裂	横裂
+598					横裂
+608				横裂	横裂
+615	桥梁起点，无搭板，错台5~7cm				
+643	桥伸缩缝				
+655	桥伸缩缝				
+679	桥伸缩缝（破坏）				
+681	桥伸缩缝（破坏）				
+692	桥伸缩缝（破坏）				
+710（桥止点）	错台				
+720				横裂	横裂
+725（引道）				错台1~3cm、2~5cm裂缝宽	
+731				错台	错台、下沉
+738				错台、下沉	
+752				横裂	横裂
+750~850	有沥青加铺，铣刨				
+853			横裂		
+864			横裂	横裂	
+875					裂缝宽4cm
+882			横裂		
+887				横裂	
+900			横裂	啃边	裂缝宽2cm
+916				横裂	
+934				横裂	
+965				横裂	
+970			断边		
K3+978				横裂	

表3-37 107国道K4+000~K4+999旧水泥混凝土路面病害类型统计表（左侧）

病害位置桩号	左5板 板宽3.4m	左4板 板宽2.0m	左3板 板宽3.5m	左2板 板宽3.5m	左1板 板宽2.6m
K4+050					断角0.5m²
+065			啃边、龟裂、缝宽2cm		

（续）

病害位置桩号	左5板 板宽3.4m	左4板 板宽2.0m	左3板 板宽3.5m	左2板 板宽3.5m	左1板 板宽2.6m
+102				碎裂0.5m²	断板
+120				断角、啃边3m²	
+154					碎裂5m²
+159				断板	
+168				断板、沉降2m²	
+176				断角	
+187				裂缝宽3cm	横裂
+193				横裂	横裂
K4+206				横裂	
K4+208				横裂	裂缝宽2cm
+213					检查井边碎裂1.5m²
+215				横裂	
+226				碎裂1.5m²	
+230				裂缝宽3.5cm	
+247					横裂
+250					啃边
+295				裂缝宽2.5cm	
+408				碎裂6m²	啃边
+416				啃边	啃边
+422				断板	
+430				断板、沉降	断板、沉降
+435				断板、沉降	
+464					啃边
+480~500					
+566				断角	断角
+575					啃边
+630				断板	断板
+640					断边
+673				断板	
+688				断板	断板
+827				碎裂0.16m²	
+840					断边
+874				断角	
+894				断板、麻面、碎裂	

（续）

病害位置桩号	左5板 板宽3.4m	左4板 板宽2.0m	左3板 板宽3.5m	左2板 板宽3.5m	左1板 板宽2.6m
+895			管线		
+917				断板	
+923				断板	
+933				裂缝宽2.5cm	
+937				横裂	
+956				横裂	
K4+962				断板、裂缝宽2.5cm	

表3-38　107国道K5+000~K5+999旧水泥混凝土路面病害类型统计表（左侧）

病害位置桩号	左5板 板宽3.4m	左4板 板宽2.0m	左3板 板宽3.5m	左2板 板宽3.5m	左1板 板宽2.6m
K5+003				横裂、沉降	
+020		换板5m×2m			
+037					横裂
+043				横裂	横裂
+054				横裂	
K5+065				2cm宽裂缝	
K5+095				横裂	横裂
+108				横裂	横裂
+118				错台	断板、沉降
+128					横裂
+130			交叉口转盘起点，左幅双坡度		
+133				横裂	
+139				沉降、啃边、裂缝宽2cm	裂缝宽2cm
+150			交叉口中		
+158				断板	断板
+170	换板5m×3.4m				
+178				裂缝宽2cm	裂缝宽2.5cm
+197				裂缝宽2.5cm	裂缝宽2.5cm
+215		换板5m×2m			
+225		换板5m×2m		换板5m×3.5m	
+238				裂缝宽2.5cm	裂缝宽2.5cm
+260		换板5m×2m			

（续）

病害位置桩号	左5板 板宽3.4m	左4板 板宽2.0m	左3板 板宽3.5m	左2板 板宽3.5m	左1板 板宽2.6m
+263				裂缝宽2.5cm、错台	
+280		换板5m×2m		断板、沉降、碎裂	
+288				断板、沉降	断板、沉降、检查井边碎4m²
+292				纵裂	横裂
+297					横裂
+303				断板	
+320		换板5m×2m			
+340				断板、裂边	
+370					裂缝宽2.5cm
+380				啃边	啃边
+390		换板5m×2m			
+410				换板5m×3.5m	
+430				缝宽3~5cm	
+440	换板5m×3.4m				
+475			十字交叉		
+499		换板5m×2m		啃边	啃边
+506				横裂	横裂
+510~530		绿化带侧石失稳，碎裂20~50cm			
+567		接缝破坏			裂缝宽2cm
+577		换板5m×2m		错台、碎裂	断板、错台、碎裂
+640	换板5m×3.4m	换板5m×2m			
+650					裂缝
+680				3cm宽裂缝	
+725					缝鼓
+737				碎角	碎边
+750		换板5m×2m			
+830		换板5m×2m			
+870	丁字交叉	换板5m×2m			
+882				离缝、严重露骨	裂缝、断角
+897				错台	错台

（续）

病害位置桩号	左5板 板宽3.4m	左4板 板宽2.0m	左3板 板宽3.5m	左2板 板宽3.5m	左1板 板宽2.6m
+910		换板5m×2m	3cm 宽裂缝		
+917				3cm 宽裂缝	断角、错台
+930			2~4cm 宽裂缝		
+943				啃边、沉降	啃边、沉降
+948~954		换板5m×2m		麻面、露骨	
+960~988				麻面、露骨	
K5+985	2~3cm 宽裂缝		2~3cm 宽裂缝		

表3-39　107国道 K6+000~K6+999 旧水泥混凝土路面病害类型统计表（左侧）

病害位置桩号	左5板 板宽3.4m	左4板 板宽2.0m	左3板 板宽3.5m	左2板 板宽3.5m	左1板 板宽2.6m
K6+059				2~3cm 宽裂缝	
+110				2~3cm 宽裂缝	
+117	换板5m×3.4m			错台2~3cm	
+120	2~3cm 宽裂缝				
+165		换板5m×2m		龟裂	严重麻面、露骨
+210				2cm 宽裂缝	
+220				2cm 宽裂缝	
+262				3cm 宽裂缝	
+275				换板	
+278				5cm 宽裂缝	
+300			2cm 宽裂缝		
+340			3cm 宽裂缝	沉降	
+378	2cm 宽裂缝			2cm 宽裂缝	
+390	错台2.5cm				
+435				4cm 宽裂缝	
+480		换板5m×2m			
K6+500	2cm 宽裂缝				
K6+528	1~3cm 宽裂缝	换板5m×2m			
+540			十字交叉口		
+565	换板5m×3.4m		3cm 宽裂缝		
+570			拱胀破坏		
+605	3cm 宽裂缝				
+645		换板5m×2m			

(续)

病害位置桩号	左5板 板宽3.4m	左4板 板宽2.0m	左3板 板宽3.5m	左2板 板宽3.5m	左1板 板宽2.6m
+726	3cm宽裂缝	3cm宽裂缝	换板5m×3.5m	3cm宽裂缝	换板5m×2.6m
+735	换板5m×3.4m				
+810		换板5m×2m			
+840		换板5m×2m			
+860			换板		
+900		换板5m×2m			
+920		换板5m×2m			

（2）弯沉调查 根据旧路破坏情况，对原有旧水泥混凝土路面左幅各种不同状况下的弯沉作了全面的调查见表3-40。表中列出了左幅全线各种破坏状况的水泥混凝土板的弯沉，如典型的完好板以及发生横裂、纵裂、纵横裂、角裂、纵向错台、横向错台、下沉、脱空、断裂、碎裂、唧泥、不均匀沉降等病害或破坏的水泥混凝土板的弯沉。

表3-40 107国道旧水泥混凝土路面弯沉调查统计表

里程桩号	弯沉测点所在板号	弯沉测点所在板病害类型	弯沉值读数（0.01mm） 左	右
K0+100	2	横裂	24	26
K0+140	2	横裂	26	34
K0+180	2	横裂	20	26
K0+200	2	纵横裂	32	30
K0+240	2	纵裂、角裂	22	24
K0+320	2	纵错台	12	16
K0+480	2	好板中	22	20
K0+670	2	横裂	8	8
K0+710	2	好板	18	18
K0+890	2	横裂、下沉	32	28
K0+960	2	好板	18	28
K1+060	2	好板	28	24
K1+060	2	横裂	28	28
K1+100	2	纵横裂	34	26
K1+180	2	横裂、纵错台	76	30
K1+190	2、3	板角下沉、纵错台3cm	22	20
K1+220	2、3	纵错台	28	24
K1+320	2	纵错台	22	19
K1+330	2	纵错台	30	50

（续）

里程桩号	弯沉测点所在板号	弯沉测点所在板病害类型	弯沉值读数 (0.01mm)	
			左	右
K1+370	2	纵错台	34	34
K1+400	2	横裂	42	40
K1+440	2	错台、横裂	20	24
K1+480	2	好板	36	38
K1+540	2	纵裂、板块下沉	8	4
K1+680	2	脱空	26	10
K1+780	1	纵裂	20	24
K1+910	1	错台	16	18
K1+920	1	好板	14	12
K2+100	2	好板	40	40
K2+320	2	横裂	26	24
K2+500	2	下沉	38	42
K2+680	2	接缝	26	28
K2+715	2	好板	16	22
K2+960	2	角裂	48	44
K2+980	2	纵裂、角裂	38	32
K3+000	2	横裂	44	32
K3+040	2	断裂	40	36
K3+100	2	角裂	46	14
K3+150	2	断裂	34	8
K3+220	2	纵裂	36	32
K3+240	4	接缝	36	54
K3+420	4	角裂	40	52
K3+440	4	好板	40	50
K4+880	5	纵裂、加铺沥青混凝土	84	88
K5+080	2	横裂	16	20
K5+210	4	纵裂、下沉	126	88
K5+300	3、4	纵裂	20	22
K5+330	3	好板	24	28
K5+580	3、4	下沉、碎裂	66	30
K5+620	3、4	接缝	16	18
K5+690	3	断裂	20	18
K5+750	3	断裂	22	40

（续）

里 程 桩 号	弯沉测点所在板号	弯沉测点所在板病害类型	弯沉值读数（0.01mm）	
			左	右
K5+840	4	碎裂、下沉	26	42
K5+870	2	断裂	30	30
K5+920	2	断裂	16	19
K6+020	3	断裂	18	18
K6+100	2	断裂	26	22
K6+120	1	错台	28	40
K6+150	2	断裂	14	12
K6+170	2	好板	10	12
K6+280	1、2	碎裂	44	46
K6+320	4	下沉、碎裂	68	74
K6+360	3	断裂	20	16
K6+400	3	施工缝2cm	20	20
K6+460	2	好板	18	18
K6+620	2	好板	30	19
K6+670	2	好板	72	
K6+710	3	好板	30	24
K6+740	3	接缝碎裂	30	25
K6+815	4	断裂		126
K6+840	3	局部碎裂		64
K6+900	3	管线	44	38

注：1. 弯沉测定车为双后轴，双后轴重20.18t，上述弯沉值为该荷载下实测值。
2. 测定位置为前进方向左侧。

（3）平整度检测结果　路面平整度检测统计见表3-41。

表3-41　107国道左幅旧水泥混凝土路面平整度检测统计表

检测和统计路段	国际平整度指数 IRI 平均值（m/km）
K0+000~K1+000	2.78
K1+000~K2+000	2.73
K2+000~K3+000	2.66
K3+000~K4+000	2.63
K4+000~K5+000	2.88
K5+000~K6+000	2.39

二、任务要求

任务分工

分　　组	车　　道
第一小组	K0+000 ~ K1+000
第二小组	K1+000 ~ K2+000
第三小组	K2+000 ~ K3+000
第四小组	K3+000 ~ K4+000
第五小组	K4+000 ~ K5+000
第六小组	K5+000 ~ K6+000

各小组按以上任务分工完成以下内容：

1）结合已知条件对 107 国道左幅水泥混凝土路面状况进行评价并给出相应的养护维修对策。

2）分析 107 国道左幅各路段水泥混凝土路面所遇各种病害的发生原因，并给出各种病害的处理方法。

3）对 107 国道左幅各路段水泥混凝土路面进行加铺层设计，并绘制路面结构设计图。

三、学习参考资料

《公路养护技术规范》（JTG H10—2009）、《公路水泥混凝土路面养护技术规范》（JTJ 073.1—2001）、《公路沥青路面设计规范》（JTG D50—2017）、《公路水泥混凝土路面设计规范》（JTG D40—2011）。

 启示园地

水泥混凝土路面养护与维修

1. 同学们说说我们学校周围的水泥混凝土路面有哪些病害？这些病害发生的原因是什么？可以用学到的什么养护方法去处理？学习的知识和技能能够在实践中得到应用是很有趣的事情，也是充满自豪感的事情，路面养护技术与人们的生活息息相关，要学以致用，建立职业自豪感。从事一份工作只有喜欢了才会有投入，有投入才会有收获，有收获才会有自豪感，而收获的这份自豪感最终成为通往成功的动力。

2. 水泥混凝土路面从早期单一的换板等高成本养护技术发展到如今的裂缝处治技术、错台处治技术、非结构性病害处治技术、脱空板处治技术等多种技术百花齐放的局面，是一代代工程技术人员坚持不懈探索的结果，同学们要富有创新精神，开发出更新、更好的技术，助力祖国科技实力的进一步腾飞。

模块四

桥梁上部结构养护与维修

学习目标

通过本模块的学习,掌握桥梁上部结构病害的类型和处治措施,能分析桥梁常见病害的原因,能制订桥梁上部结构的初步养护维修方案,培养施工质量意识,培养技术创新意识,培养科学素养和探究精神,培养严谨的科学态度,培养自主学习、与人合作的协作精神。

内容概要

至2017年底,我国已建公路桥梁达70万座以上,其中混凝土桥梁占90%以上,梁桥和拱桥共占91%,故路桥专业毕业生将来工作的主要对象为混凝土梁桥和混凝土拱桥。因此,本模块主要介绍混凝土梁桥和混凝土拱桥的养护维修问题。本模块的主要内容包括混凝土桥梁上部结构的常见病害分析、养护维修与加固等。

先导案例

蓝田西河桥上部结构病害分析与维修案例

一、案例背景资料

1. 工程概况

蓝田西河桥上部结构为14孔钢筋混凝土T形梁桥,1975年建成通车,宽为9m,每孔由四片T梁组成,设计荷载:汽-15,挂-80,如图4-1所示。2001年检测荷载试验表明,实际承载能力不能满足原设计标准,处于危险状态。

图4-1 蓝田西河桥

2. 病害情况

主梁跨中区域底、腹板出现竖向裂缝，靠近两端1/4至支点部分腹板出现斜裂缝，最大宽度为0.7mm。

二、案例分析要求

分析蓝田西河桥上部结构各种病害的发生原因，并给出各种病害的处理方法。

三、案例分析要点

本案例考核桥梁病害分析和治理的有关问题，主要涉及桥梁上部结构各种病害的原因及处理措施等问题。要求根据《公路养护技术规范》（JTG H10—2009）和《公路桥涵养护规范》（JTG H11—2004）的要求，正确分析本工程桥梁上部结构病害发生的原因并制订针对性的梁桥养护维修方案。因此，在案例分析时，要根据本案例背景给定的条件，分析每一个病害发生的原因并针对性地提出养护维修对策。

四、案例分析过程

1. 主梁跨中区域底、腹板出现竖向裂缝，靠近两端1/4至支点部分腹板出现斜裂缝，最大宽度为0.7mm。

（1）主梁跨中区域底、腹板出现竖向裂缝

病害原因：这种裂缝主要是由于弯曲拉应力超出混凝土极限抗拉强度而引起的弯曲裂缝。裂缝的最大宽度为0.7mm，超过了规范的限值。

病害处理：在主梁跨中部分梁肋底和梁肋侧面竖向裂缝处粘贴碳纤维布，如图4-2所示。

图4-2　粘贴碳纤维布

（2）主梁靠近两端1/4至支点部分腹板出现斜裂缝

病害原因：这是腹剪裂缝，其主要原因是在荷载作用下，在靠近支点的部位，剪力大而又有一定的弯矩存在，主拉应力超过混凝土抗拉强度，在梁腹板中出现腹剪裂缝。裂缝的最大宽度为0.7mm，超过了规范的限值。

病害处理：在两端1/4至支点部分腹板垂直于斜裂缝的45°方向粘贴钢板，钢板为16锰钢，厚6mm。

2. 加固方案

2001年检测荷载试验表明，实际承载能力不能满足原设计标准，处于危险状态，故要对该桥进行加固，加固除了前面介绍的在裂缝处粘贴碳纤维和粘贴钢板外，还采取了新增横隔板，提高整体受力性能，如图4-3所示。该桥加固后达到汽-20、挂-120的荷载标准。

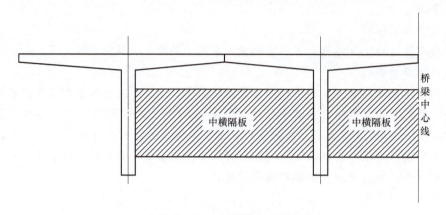

图4-3 蓝天西河桥新增横隔板示意图

4.1 梁桥上部结构常见病害原因分析与养护维修

混凝土梁桥上部结构病害包括钢筋混凝土及预应力混凝土简支板桥病害、钢筋混凝土及预应力混凝土简支梁桥病害、钢筋混凝土及预应力混凝土连续梁桥病害等。

一、钢筋混凝土及预应力混凝土简支板桥上部结构的常见病害分析

简支板桥是小跨径桥梁常用的结构形式，钢筋混凝土板桥的跨径常为5～13m，有空心板和实心板之分，施工方法有整体现浇和预制装配两种。预应力板桥的跨径常为10～20m，一般为空心板，预制装配的较多。

（一）钢筋混凝土整体现浇简支板桥常见病害与原因分析

1. 跨中附近板底由下而上的竖向裂缝

（1）病害描述 跨中附近板底由下而上的竖向裂缝一般有多条，如图4-4所示，静态裂缝宽度有可能超过规范限制值，有时还伴随着跨中下挠。

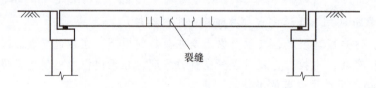

图4-4 整体式板桥跨中竖向裂缝示意图

（2）病害原因 跨中附近板底由下而上的竖向裂缝主要是由于简支板跨中纵向正弯矩过大而产生的弯曲裂缝，这种裂缝若超过《公路钢筋混凝土及预应力混凝土桥涵设计规范》

（JTG 3362—2018）限值，则表明抗弯能力已不足。

2. 跨中附近板底纵向裂缝

（1）病害描述　跨中附近板底纵向裂缝一般表现为板底顺桥向开裂，可能有多条，有的静态裂缝宽度也会超过《公路钢筋混凝土及预应力混凝土桥涵设计规范》要求。图4-5为整体式板桥跨中段板底纵向裂缝示意图，图4-6为整体式板桥板底纵向裂缝照片。

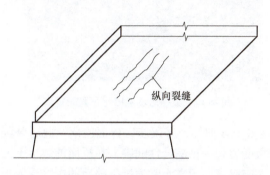

图 4-5　整体式板桥跨中段板底纵向裂缝示意图

图 4-6　整体式板桥板底纵向裂缝

（2）病害原因　跨中附近板底纵向裂缝很可能是设计图采用了预制装配的标准图配筋，施工时却改用现浇，将单向板变成整体式双向板，改变了板的受力方式，导致板底横向配筋严重不足，在横向弯矩作用下，引起板底产生纵向裂缝。

（二）钢筋混凝土及预应力混凝土预制装配简支板桥常见病害与原因分析

1. 装配式简支板板间铰缝混凝土脱落、铰接缝处桥面铺装出现纵向裂缝

（1）病害描述　这种病害一般表现为装配式简支板板间铰缝混凝土缺损，某些空心板梁与两侧的空心板之间形成永久性台阶，铰接缝对应位置的桥面铺装出现纵向裂缝或形成纵缝破碎带，铰缝渗水等。铰缝混凝土脱落如图4-7所示；装配式空心板单板受力导致桥面上形成纵缝破碎带，如图4-8所示；铰缝渗水混凝土有脱落，如图4-9所示；铰缝渗水混凝土严重脱落，如图4-10所示。

图 4-7　铰缝混凝土脱落

图 4-8　桥面上形成纵缝破碎带

图 4-9　铰缝渗水混凝土有脱落

图 4-10　铰缝渗水混凝土严重脱落

（2）病害原因　这种病害主要是因为铰缝混凝土被剪坏，并逐步破碎而脱落。此时装配式简支板没有了横向连接，形成了单板受力。单板受力是一种综合性病害，在桥面铺装层上沿铰缝方向产生不规则的纵向裂缝，严重时形成一条破碎带。雨雪水常通过破碎后的铰缝渗入板底，留下明显的渗水痕迹。当重型车辆通过单板受力的空心板时就会产生明显弹性下挠，使其与两侧的空心板上下错位，形成台阶。待重车过后，这种错位消除，又恢复原状。如果长期经受超过设计标准的重型车辆作用，使单板受力现象逐渐加重，进入这种病害后期阶段，则弹性下挠逐渐变成塑性变形，单板受力的空心板与两侧的空心板之间形成永久性台阶。

造成单板受力的原因有以下几个方面：

1）超载车辆的原因。以前高速公路桥梁的设计标准为汽-超20、挂-120，其中汽-超20的单车总重55t，而实际在高速公路上行驶的重车要远比设计标准高得多。而且，最近几年重载车辆的总重还有所增加，重载车辆的总重已经超过100t；桥梁在超载车辆的长期反复作用下，其铰缝混凝土破坏的速度大大地加速了。应该说，超载现象是形成单板受力的主要原因。

2）施工方面的原因。高速公路中小跨径的空心板桥梁施工中，施工队伍对中小跨径桥梁的铰缝重视不足，施工中，铰缝混凝土振捣不密实，预留钢筋保留不全或没有按设计的要求进行绑扎或焊接，铰缝底部用木条、麻布等杂物填充没有浇筑铰缝砂浆等问题，导致铰缝混凝土的质量严重不足，成为整座桥梁的薄弱环节。施工质量达不到要求是形成单板受力现象的另一个关键的原因。

3）桥面防水不利。桥面防水性能不好，雨雪等渗入铰缝混凝土，通过雨雪的反复冻融作用，铰缝混凝土逐渐碎裂而渐渐脱落。

4）支座的原因。桥梁设计中，空心板两端一般为4个支座。由于施工工艺等原因，个别支座脱空，形成"三条腿"的现象。当有车辆通过时，由于"三条腿"现象造成空心板的震动，使铰缝混凝土处于很不利的受力状态，久而久之，铰缝混凝土逐渐破碎脱落。

5）行车轨迹原因。高速公路上空心板单板受力较一般公路严重，除超载原因外，行车轨迹太规则也是造成单板受力的原因，高速公路上空心板桥行车道下的预制板应予以加强。

2. 先张法预应力混凝土空心板板底出现纵向裂缝

（1）病害描述　先张法预应力空心板梁裂缝一般是空心板截面的两腹板之间底面出现

1~2条沿板跨径方向的纵向裂缝，比较长。裂缝形态为沿预应力钢筋分布纵向通长或断续通长裂缝。裂缝处往往伴随有渗水痕迹或白化现象。图4-11为装配式先张法预应力简支空心板梁板底纵向裂缝示意图，图4-12为装配式先张法预应力简支空心板梁板底纵向裂缝照片。

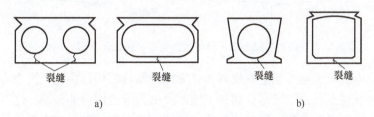

图4-11　装配式先张法预应力简支空心板梁板底纵向裂缝示意图

图4-12　装配式先张法预应力简支空心板梁板底纵向裂缝

（2）病害原因　预应力混凝土装配式简支板桥大多采用先张法施工，如果由于施工原因造成底板太薄，使得预应力筋周围混凝土局部应力过大，就会造成板底纵向裂缝，这也是产生纵向裂缝的主要原因。先张法预应力混凝土空心板底面纵向裂缝一般是底板的贯穿性裂缝，使空心板由原来的完整闭口截面变成了相应开口截面。这对抗弯承载力有一定的影响，对截面抗扭性能亦有较大影响。

3. 钢筋混凝土板梁板底出现纵向裂缝

（1）病害描述　装配式钢筋混凝土板梁底部出现顺纵向主钢筋方向的裂缝，位置为锈蚀纵向主筋所在处。

（2）病害原因　钢筋混凝土板梁由于混凝土中的氯盐添加剂或者混凝土碳化造成钢筋生锈，钢筋膨胀体积增大导致板底产生沿着主钢筋的纵向裂缝。

4. 空心板支承端附近斜裂缝

（1）病害描述　装配式空心板腹板厚度不大时，边板的腹板上可发现斜裂缝。

（2）病害原因　一般的空心板在支承端附近不会出现剪切斜裂缝，但近几年来有的桥梁采用了单块宽度达1.5m甚至更大的大空心板，其实相当于小箱梁，腹板厚度不大时，主拉应力较计算值大，混凝土不能负担而造成边板的腹板上有可能发现斜裂缝。

5. 预应力混凝土板上拱值过大

（1）病害描述　这种现象以先张法预应力混凝土空心板出现较多。表现为在营运多年后，板跨中部位上拱值（又称反拱）仍较大，甚至在跨间桥面出现上凸，而在支座附近桥面相对下凹，如图4-13。

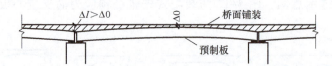

图4-13 预应力混凝土板上拱值过大造成桥面铺装厚度不匀示意图

先张法预应力混凝土空心板上拱度过大，为保持设计的桥面标高，则空心板的跨中部位桥面铺装及现浇混凝土层可能较薄，而在支座区段的板部位则可能很厚，这样，实际二期恒载作用与设计计算考虑不一致，同时，板跨中部位的桥面铺装由于达不到设计厚度而易产生铺装病害。另外，在使用阶段，预应力混凝土上拱度仍过大造成桥面为波浪形，则引起行车的不舒适感，降低行车速度，影响了桥梁适用性功能。

（2）病害原因 先张法预应力混凝土空心板由于预应力束设置过多，反拱度过大，抵消结构自重和汽车荷载后仍有富余，造成板梁上拱。

6. 空心板梁封头板收缩裂缝

（1）病害描述 空心板梁封头板混凝土收缩开裂，空心板空腔内聚积大量水，空心板钢筋锈蚀严重。

（2）病害原因 空心板梁封头板混凝土收缩开裂，桥面雨水从桥头伸缩缝渗入封头板内，使空心板空腔内聚积大量水，普通钢筋混凝土空心板梁的受力裂缝在受荷时张开空腔内部水渗入梁底钢筋，导致钢筋锈蚀严重。

二、钢筋混凝土及预应力混凝土简支梁桥上部结构的常见病害分析

简支梁桥是中小跨径桥梁常用的结构形式，一般采用预制装配式施工，按照横断面形式的不同，简支梁桥主要分为简支T形梁桥和简支箱形梁桥。简支梁桥多常用预应力混凝土结构，常用跨径为20~50m。

（一）钢筋混凝土简支梁桥常见病害与原因分析

1. 弯曲裂缝

（1）病害描述 这类裂缝一般在梁跨中，即$L/4$~$3/4L$附近产生。在梁的侧面，这类裂缝往往从梁的受拉区边缘，沿与主筋垂直的方向竖直延伸，通常在两条延伸较长的裂缝间有数条较短的裂缝，这种裂缝宽度一般在0.03~0.2mm之间。在梁的底面，这类裂缝也会沿着与主筋垂直方向发生，特别是箱梁，裂缝宽度一般在0.03~0.25mm之间。总体来说，这种裂缝在箱梁上主要表现在底面，在T梁上主要表现在侧面。图4-14为弯曲裂缝示意图。

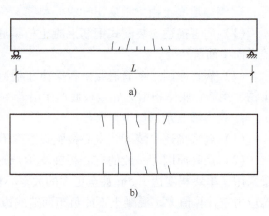

图4-14 弯曲裂缝示意图

a）梁侧面 b）梁底面

(2) 病害原因　弯曲裂缝主要是弯曲拉应力超出混凝土极限抗拉强度引起的。一般认为，只要这类裂缝在梁侧面延伸不到截面中性轴位置，这类裂缝宽度在荷载作用下的变化就不大，也就比较稳定。所以，只要最大裂缝宽度不超过限值，即认为此种裂缝对结构当前的承载能力影响不大，但对结构耐久性有影响。

2. 腹剪裂缝

(1) 病害描述　腹剪裂缝是钢筋混凝土 T 形梁和箱梁最常见的斜裂缝形态之一，但在板梁中很少见到。这类缝一般在支点附近至 1/4 跨范围内发生。在梁的腹板侧面上，裂缝延伸方向与梁纵向成大约 45°～60°的夹角。裂缝宽度一般在 0.1～0.3mm 之间。斜裂缝通常有数条，裂缝间距约为 0.5～1.0m。图 4-15 为腹剪裂缝示意图。

图 4-15　腹剪裂缝示意图

(2) 病害原因　这类裂缝产生的原因是在荷载作用下，在靠近支点的部位，剪力大而又有一定的弯矩存在，主拉应力超过混凝土抗拉强度，在梁腹板中出现腹剪裂缝。在较大的荷载作用下，这类裂缝的宽度会有所增大，但只要在斜裂缝的限定宽度之内，裂缝上下延伸的长度不会有较大变化。

3. 弯剪裂缝

(1) 病害描述　钢筋混凝土 T 形梁另一类常见的斜裂缝形态是弯剪裂缝。它是从竖向弯曲裂缝上发展的斜裂缝，一般与梁轴线成 30°～45°夹角。这类裂缝往往只有少数几条，裂缝宽度在 0.2～0.3mm 之间，一般位于 1/4 跨附近。图 4-16 为弯剪裂缝示意图。

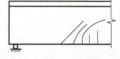

图 4-16　弯剪裂缝示意图

(2) 病害原因　这类裂缝发生在弯矩和剪力都较大的部位，拉应力超过了混凝土弯拉强度，首先出现了弯曲裂缝，随着荷载增加，这种向上延伸的裂缝由于受到剪力影响而发生倾斜。

4. 梁腹板 1/2 梁高处的表面裂缝

(1) 病害描述　这类裂缝多见于高度较大的钢筋混凝土 T 形梁、Π 形梁和箱梁腹板上。裂缝位于梁腹板 1/2 梁高处，裂缝的下端达不到梁的受拉区边缘。裂缝在梁腹板半梁高附近宽度较大，一般为 0.2～0.5mm，严重者可达 0.8mm。裂缝中间较宽、上下端的宽度较小，呈枣核形，裂缝的间距无一定规律。这类裂缝在梁跨间各部分都可能存在。在梁的跨中附近，这类裂缝大致与主筋垂直，而在梁的支点与 1/4 跨之间，裂缝大致与梁轴线成 60°的角度。图 4-17 为梁腹板半高处的表面裂缝示意图。

(2) 病害原因　这类裂缝主要是梁体混凝土不均匀收缩产生的。当然，也有荷载因素，如果没有荷载因素，裂缝与梁轴线大体上是垂直的。裂缝下端细是由于下缘配筋量大，裂缝上端由于逐渐上伸到受压区而消失。裂缝中间粗有两个原因：一是梁腹板水平钢筋少；二是

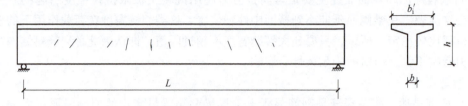

图 4-17　梁腹板半高处的表面裂缝示意图

在原有裂缝基础上，由于碳化收缩而使裂缝宽度增宽。

5. 网状裂缝

（1）病害描述　梁腹板侧面上网状裂缝，这类裂缝宽度一般很小（0.01～0.05mm），分布于梁腹板表面上，似一片片断网，没有一定的规律。在荷载作用下，裂缝的宽度和长度变化很小。图 4-18 为梁腹板侧面上网状裂缝示意图。

（2）病害原因　这类收缩裂缝多数是由于混凝土构件表层养护不当，表层失水、干缩所造成。这类裂缝一般不深，多数深度不超过钢筋保护层厚度，是非荷载作用产生的裂缝。

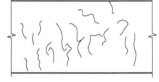

图 4-18　梁腹板侧面上网状裂缝示意图

6. 钢筋锈蚀引起的裂缝

（1）病害描述　钢筋锈蚀引起的水平纵向裂缝往往在主筋位置附近并顺着主筋延伸，其延伸长度有长有短，与梁体受雨水侵蚀有关，所以梁体的防水非常重要。这种因素造成的裂缝往往不仅是纵向裂缝（纵向钢筋方向），还有竖向裂缝（箍筋方向）。图 4-19 为梁在主筋部位的水平纵向裂缝示意图。

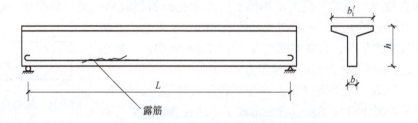

图 4-19　梁在主筋部位的水平纵向裂缝示意图

（2）病害原因　混凝土这一裂缝是混凝土缺陷与钢筋锈蚀共同作用的结果。这种病害多见于桥梁的边梁，这是由于边梁受雨水的影响较内梁的可能性大。梁体受到雨水侵蚀后，由于混凝土本身的缺陷（如不密实、微裂缝等），使雨水浸入钢筋，钢筋锈蚀使自身"变粗"，挤压混凝土使之开裂，开裂的混凝土使钢筋锈蚀进一步加剧。

7. 骨料膨胀引起的裂缝

（1）病害描述

1）如果膨胀骨料在构件浅层，则一般呈网状及放射形裂缝，裂缝交点处为膨胀骨料所在位置。

2）当膨胀骨料在钢筋背后，则骨料膨胀后，会把钢筋顶弯，此时有可能产生顺钢筋裂缝，但其长度不长，同时可能出现混凝土被冲剪破裂，其裂缝为周边一圈。

3）混凝土冲剪锥体边缘裂缝的两侧有高差。

4）若内部膨胀骨料为弥漫性分布，则其内部有可能产生层理状千层饼似的裂缝。

5）骨料周围有白色反应环（图4-20）或裂缝中渗出乳白色、黄褐色、咖啡色，甚至黑色的碱硅凝胶，或膨胀源呈白色粉团、姜黄色石子（图4-21）。

6）这类病害多在桥梁竣工数年（一般五年后）后发生。

图4-20 钢筋混凝土梁碱集料反应骨料周边白色反应环

图4-21 钢筋混凝土梁混凝土体积安定性不良姜黄色骨料

（2）病害原因 骨料膨胀病害发生原因有两类。

1）"碱骨料反应"引起骨料膨胀，破坏混凝土。发生"碱骨料反应"的三个条件：第一，混凝土骨料中含有一定量的碱活性二氧化硅，例如白云石、蛋白石、玻璃质二氧化硅，结晶不完整的二氧化硅矿物等，当含量大于5%时，对混凝土构件可能会产生损害；第二，混凝土中碱含量超过一定量（一般3kg/m³）；第三，水分侵入混凝土中。前两点是发生"碱骨料反应"的必要条件，第三点是充分条件。石子周围有白色反应环者，多为碱活性骨料所产生。裂缝中渗出乳白色，黄褐色，咖啡色，甚至黑色的碱硅凝胶，用湿布不易擦掉，多为碱骨料反应。

2）因含有氧化镁骨料、硫酸盐骨料或生石灰缓慢水化膨胀而破坏混凝土。这类病害的进展是由表及里的，这是与外界潮气由表面通过毛细孔逐渐渗入有关。第二类骨料膨胀的充分条件也是水，它们膨胀后体积可达原体积的 2~4 倍，相当可观。膨胀源呈白色粉团、姜黄色石子（多为含氧化镁石子及生石灰吸潮膨胀所致）。

8. 梁体在钢板支座处的裂缝

（1）病害描述 这类裂缝见于简支梁钢制支座上垫板处的梁体上。裂缝由支座上垫板与混凝土交界处发生并斜向上发展，裂缝最大宽度可达2mm。有些无支座或者是简易支座的桥梁也会发生这种病害。图4-22为梁体在钢板支座处的裂缝示意图。

（2）病害原因 这类裂缝的产生可能是由于桥墩不均匀沉降或歪斜、混凝土局部承压能力不够、支座侧斜或转动不自如等造成的。也就是说，这种病害和局部承压有关，和支座失效后在支座处产生的拉力有关。

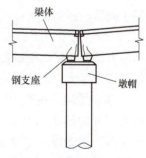

图4-22 梁体在钢板支座处的裂缝示意图

9. 混凝土剥落、露筋

（1）病害描述　这种病害表现为混凝土表面的砂、水泥浆脱落，粗骨料外露，钢筋混凝土内的主筋、箍筋等没有被混凝土包裹而外露。这类病害在钢筋混凝土桥梁的任何部位都有可能出现。图 4-23 为 T 梁底混凝土剥落、露筋，图 4-24 为箱梁腹板混凝土剥落、露筋，图 4-25 为箱梁顶板混凝土剥落、露筋，图 4-26 为翼缘板之间连接缝混凝土剥落。

图 4-23　T 梁底混凝土剥落、露筋

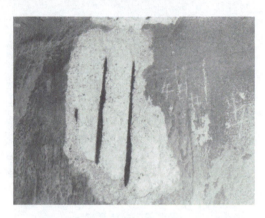

图 4-24　箱梁腹板混凝土剥落、露筋

图 4-25　箱梁顶板混凝土剥落、露筋

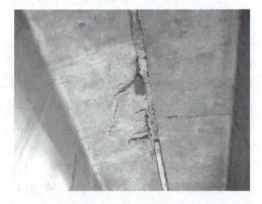

图 4-26　翼缘板之间连接缝混凝土剥落

（2）病害原因　这类裂缝发生的原因可能为钢筋大面积锈蚀而崩裂混凝土保护层。梁底混凝土剥落、露筋也可能为桥下净高不足，梁底受到车辆或船只撞击而产生。

（二）预应力混凝土简支梁桥常见病害与原因分析

预应力混凝土梁的裂缝除钢筋混凝土梁可能产生的裂缝外，也有一些自身所独有的裂缝，如预压力过大引起的纵向裂缝。

（1）病害描述　在锚固区内，锚板下的混凝土产生沿力筋方向的纵向裂缝（图 4-27 为梁端纵向裂缝示意图）或者以一定角度散开。

先张法梁梁端锚固处的裂缝，始于张拉端面，宽度约为 0.1mm 左右，长度一般只延伸至扩大部分的变截面处。

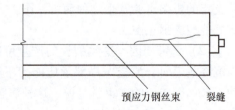

图 4-27　梁端纵向裂缝示意图

后张法梁梁端锚固处的裂缝通常发生在预应力筋齿板锚固处,裂缝比较短小,发生在梁端时多与钢丝束方向一致,在锚固处时与梁纵轴多呈 30°～45°角;营运初期有所发展但并不严重,以后会趋于稳定。

在多梁式梁桥中,由于配置预应力束筋的需要,常将部分腹板加厚成马蹄形,和锚固区一样,也可能形成纵向裂缝。同时,在马蹄与腹板交界处也可能产生纵向裂缝。

有些后张法的箱梁也会出现沿预应力筋方向的纵向裂缝,经过一段时间使用后,这一病害愈加明显,有的甚至纵向贯通。

(2) 病害原因　梁端纵向裂缝是由于锚固区内预加力的作用,锚板下局部应力过大,可能使其下的混凝土产生纵向裂缝,裂缝宽度及数量与预加力有关,与锚下间接钢筋的配置有关,与混凝土强度有关。

先张法梁梁端锚固处的裂缝主要是压应力过大造成的。

后张法梁梁端锚固处的裂缝主要由于端部应力集中,混凝土质量不良所致。

在多梁式梁桥中,将部分腹板加厚成马蹄形的区段截面承受的压应力较大,如果马蹄内的箍筋配置数量不足或构造不当,则可能引起纵向裂缝。在马蹄与腹板交界处产生的纵向裂缝是由于剪力的作用及混凝土收缩徐变导致的。

有些后张法箱梁出现的沿预应力筋方向的纵向裂缝也与压应力过大有关。

三、钢筋混凝土及预应力混凝土连续梁桥上部结构的常见病害分析

混凝土连续梁桥横断面多为箱型,如图 4-28 所示。连续箱梁桥常见病害为箱体裂缝、钢筋锈蚀、混凝土剥落等。钢筋锈蚀和混凝土剥落等病害的现象、原因与简支梁桥相同,详见简支梁桥常见病害分析部分。

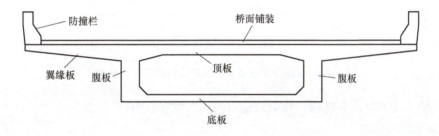

图 4-28　混凝土连续梁桥横断面示意图

1. 箱梁腹板弯曲裂缝

(1) 病害描述　在钢筋混凝土连续箱梁的跨中区段和墩顶部位区段分别出现由箱梁底边缘向上延伸和由箱梁顶边缘向下延伸的竖向弯曲裂缝,其中较常见的是在跨中区段由梁底边缘向上延伸的弯曲竖向裂缝。节段施工的预应力混凝土箱梁,一般易在箱梁节段的接缝内或接缝附近出现弯曲竖向裂缝。箱梁腹板弯曲裂缝往往还伴随箱梁底板(或顶板)的混凝土横向裂缝,如图 4-29～图 4-31 所示。

(2) 病害原因　连续箱梁腹板弯曲裂缝是由于跨中正弯矩过大或支点负弯矩过大引起的。钢筋混凝土连续箱梁腹板弯曲裂缝最大宽度在限制值之内是正常的受力裂缝。预应力混凝土 A 类构件和全预应力混凝土构件设计的预应力混凝土连续箱梁,不允许出现腹板弯曲

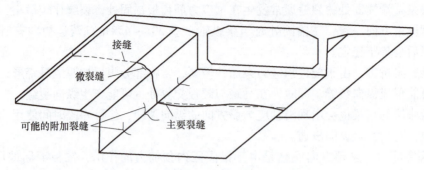

图 4-29 连续箱梁腹板弯曲裂缝示意图

图 4-30 连续箱梁腹板弯曲裂缝

图 4-31 连续箱梁腹板弯曲裂缝沿桥跨分布示意图

裂缝。出现腹板弯曲竖向裂缝后,将引起箱梁的内力重新分布。

2. 箱梁腹板斜裂缝

(1) 病害描述 箱梁腹板斜向裂缝在越靠近箱梁两侧支点的位置,裂缝上部越向跨中倾斜,腹板斜裂缝在跨间两边往往对称发生,呈"八"字状分布。它是预应力混凝土梁桥中出现最多的一种裂缝,往往首先发生在支座附近,大致与梁轴线成 25°~50°夹角,并随着时间的推移不断向受压区和跨中方向扩展,如图 4-32 所示。

(2) 病害原因 箱梁腹板斜裂缝是荷载型裂缝,是主拉应力过大导致的裂缝,故往往首先发生在剪应力最大的位置。

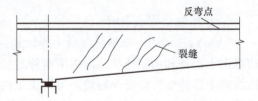

图 4-32 连续箱梁腹板斜裂缝示意图

3. 箱梁腹板竖向裂缝

(1) 病害描述 在支架上现浇混凝土施工的钢筋混凝土和预应力混凝土连续箱梁的腹

板上出现的垂直于梁轴线方向的竖向裂缝。竖向裂缝沿箱梁跨径方向分布，在箱梁跨中部位往往间距较小，而在其他部位间距较大。

第一类箱梁腹板竖向裂缝是与箱梁底板横向裂缝相连的，即腹板竖向裂缝下端达到箱梁截面下边缘，也就是前面介绍的弯曲裂缝。

第二类箱梁腹板竖向裂缝是在顶板下梗腋（箱外）和底板之间腹板的半高处，而裂缝呈中间宽度较大、两端头细小的枣核形裂缝。

（2）病害原因　第一类箱梁腹板竖向裂缝发生的原因见弯曲裂缝部分介绍。第二类箱梁腹板竖向裂缝是由箱梁混凝土收缩引起的。

4. 箱梁底板横向裂缝

（1）病害描述

第一类，底板的横向裂缝主要发生在钢筋混凝土连续梁的跨中区段，常常伴随出现腹板上的竖向弯曲裂缝，如图4-33所示。

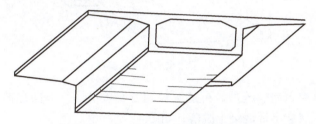

图4-33　连续箱梁底板横向裂缝示意图

第二类，底板的横向裂缝主要出现在节段施工的预应力混凝土连续箱梁的相邻节段之间的接缝附近，如图4-34所示。

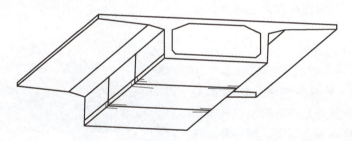

图4-34　连续箱梁底板横向裂缝示意图

第三类，底板的横向裂缝出现在后张法预应力混凝土连续箱梁底板齿块后方区域，往往伴随出现腹板的斜裂缝，如图4-35所示。

（2）病害原因

第一类现浇钢筋混凝土连续箱梁底板横向裂缝的出现属于正常受力裂缝，但若箱梁内有积水且沿裂缝渗出，则对箱梁的耐久性有较大影响。

第二类预应力混凝土箱梁节段接缝附近

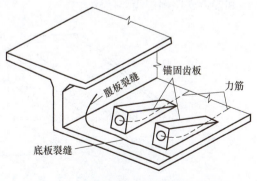

图4-35　连续箱梁底板横向裂缝示意图

的底板裂缝，是由于波纹管走形引起的，对箱梁结构受力影响不大。

第三类预应力混凝土箱梁齿块后的底板横向裂缝属于预加力作用产生的受力裂缝，初期发展很快，且裂缝宽度较大，对结构受力有一定影响。

5. 箱梁底板纵向裂缝

（1）病害描述　在混凝土箱梁的底板下表面出现沿梁长方向的纵向裂缝，长短不一，主要分布在纵向预应力钢筋范围内，一般多出现在混凝土箱梁的正弯矩作用区段（合拢区段较常见），也会出现在箱梁底板齿块附近，如图4-36所示。

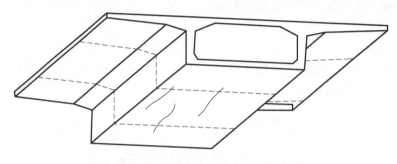

图4-36　连续箱梁底板纵向裂缝示意图

底板底面产生这类纵向裂缝后，可能会伴随着底板沿厚度方向层离，有的引起局部起壳，严重者底板下半层会出现混凝土脱落，如图4-37所示。

（2）病害原因　底板曲面在纵向预应力束作用下会产生径向均布力或集中力。在各预应力束产生的径向力作用下，底板横截面发生弯曲变形，导致底板横向受弯而产生纵向裂缝。

6. 箱梁顶板纵向裂缝

（1）病害描述　混凝土箱梁顶板下表面沿箱梁跨径方向的纵向裂缝，如图4-38所示，可由纵向裂缝处是否有渗水痕迹判断纵向裂缝是否贯穿顶板全厚度。第一种箱梁顶板纵向裂缝延伸较长，往往在箱梁的跨中区段和接近支座部位箱梁区段。

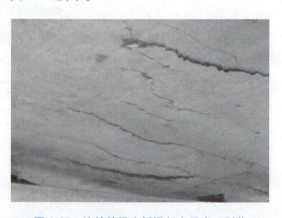

图4-37　连续箱梁底板混凝土层离、剥落

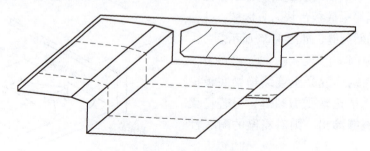

图4-38　连续箱梁顶板纵向裂缝示意图

第二种箱梁顶板纵向裂缝出现在节段悬臂浇筑混凝土箱梁的节段分界线之间，纵向裂缝起始于节段接缝处，平行排列有 1~3 条，但纵向裂缝延伸不超过另一节段接缝，如图 4-39 所示。

(2) 病害原因　箱梁顶板混凝土纵向裂缝主要是箱梁顶板横向受力产生的，这种裂缝对箱梁的结构使用有较大影响。若纵向裂缝贯穿顶板，则对混凝土箱梁耐久性有影响。

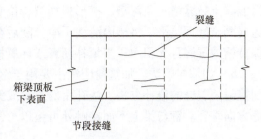

图 4-39　第二种连续箱梁顶板纵向裂缝示意图

四、混凝土梁桥上部结构的养护维修

1. 结构裂缝的维修

钢筋混凝土及预应力混凝土梁桥均可能存在不同程度的结构裂缝。为了恢复桥梁结构的整体性，保持其强度、刚度、耐久性，使其更加美观，应对裂缝进行针对性的维修。常用维修方法有表面封闭修补法、表面粘贴修补法和压力灌浆修补法。

(1) 表面封闭修补法　结构裂缝的表面封闭修补常用方法有填缝法、表面抹灰法、表面喷浆法、凿槽嵌补法和加箍封闭法等。

1) 填缝法。填缝法常用于砖石砌体轻微裂缝的简单修理。首先将缝隙清理干净，根据裂缝宽度选择相应的勾缝刀、抹子、刮刀等工具。填缝所用水泥砂浆 (1:2.5 或 1:3) 强度不得低于原灰浆。表面抹灰法的操作步骤是将水泥浆、水泥砂浆、环氧浆液或环氧砂浆等材料涂抹在裂缝部位的砖石砌体或混凝土表面上。

2) 表面抹灰法。水泥砂浆涂抹法的操作步骤是先将裂缝附近的混凝土表面凿毛（糙面应平整），洗刷干净后，洒水使之保持湿润（但不可有水珠），然后将水泥砂浆 (1:1~1:2) 涂抹其上。涂抹时应先用纯水泥浆涂刷一层底浆（厚度约 0.5~1.0mm），再将水泥砂浆一次或分次抹完（厚度越厚，所需次数越多）。涂抹的总厚度一般为 10~20mm，最后用铁抹压实、抹光。配制砂浆时，砂子不宜太粗，以中细砂为宜，水泥可用普通水泥。夏季施工时，应防止阳光直射，在涂抹 3~4 小时后应洒水养护。冬季施工时应注意保温，避免因受冻而强度降低。

环氧砂浆涂抹法的操作步骤是先在裂缝上口凿一宽 10~20mm，深约 5mm 的 V 形槽，槽面应尽量平整，再用钢丝刷或竹刷刷净缝口，凿去浮渣，用手持式皮风箱吹清缝内灰砂并烘干混凝土表面。在裂缝外用蘸有丙酮或二甲苯的纱头洗擦一边，保持槽内混凝土面无灰尘、油污等。在裂缝周围涂一层环氧浆液，若裂缝较深，在垂直方向可静力灌注（环氧浆液可灌入 0.5mm 的细缝中）。最后嵌入环氧砂浆，用刮刀将其平面与原混凝土面齐平。待环氧树脂硬化后（常温 20~25℃时，需 6~7 天），即可使用。

3) 表面喷浆法。表面喷浆法的操作步骤是先对需要喷浆的结构表层仔细敲击，敲碎并除去剥离的部分，若为钢筋混凝土，还须清除露筋部分钢筋上的铁锈。接着将裂缝表面凿毛（V 形槽），并用水冲洗结构物表面，在开始喷浆前将基层湿润一下。最后喷射一层密实、高强的水泥砂浆保护层以封闭裂缝。根据裂缝的部位与性质及修理的要求与条件，该方法可分为无筋素喷法、挂网喷浆法等。

4) 凿槽嵌补法。当裂缝宽度小于 0.25mm 时，通常采用凿槽嵌补法，其操作步骤是先沿混凝土裂缝凿一条深槽，槽形根据裂缝位置和填补材料而定（多采用V形槽），再将槽两边混凝土修理整平，将槽内清洗干净。随后在槽内嵌补粘结材料。当填补水泥砂浆时，应先保持槽内湿润且无积水；当填补沥青或环氧材料时，应先保持槽内干燥。

5）加箍封闭法。加箍封闭法主要用于钢筋混凝土梁的主应力裂缝修补。图4-40所示为加箍封闭裂缝的修补方法。修补用的直箍或斜箍可由扁钢焊成或圆钢制成，设箍方向应与裂缝方向垂直。箍与梁上下面接触处可垫以角钢或钢板。

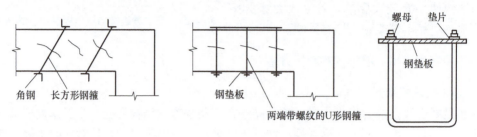

图 4-40　加箍封闭裂缝示意图

（2）表面粘贴修补法　表面粘贴法用胶粘剂将玻璃布、碳纤维布或钢板等材料粘贴在裂缝部位的混凝土面上。

1）粘贴玻璃布法。粘贴玻璃布法所用的玻璃布由无碱玻璃纤维织成，耐水性好、强度高。它又可分为无捻粗纱布、平纹布、斜纹布、缎纹布、单向布等多种，其中无捻粗纱布因强度高、气泡易排除、施工方便，最为常用。

玻璃布在使用前必须除去油蜡（玻璃布在制作过程中加入了含油脂和蜡的浸润剂），以提高粘贴效果。玻璃布除油蜡的方法有两种：一是将其在碱水中泡30~60min，再用清水洗净；二是将其放在烘烤炉上加温到190~250℃，使油蜡燃烧，燃烧后会产生很多灰尘。烘烤后将玻璃布在浓度为2%~3%的碱水中煮沸30min，取出用清水洗净晾干。后一种方法效果较好。

粘贴前先将混凝土面凿毛，并冲洗干净，使表面无油污灰尘。若表面不平整，可先用环氧砂浆抹平。粘贴时，先在粘贴面上均匀地刷一层环氧基液，接着展开、拉直玻璃布，放置并抹平使之紧贴在混凝土表面，用刷子或其他工具在玻璃布面上刷一遍，使环氧基液浸透玻璃布并溢出。随后在该玻璃布上刷环氧基液。接着可按同样方法粘贴第二层玻璃布。粘贴时，为了压边，上层玻璃布应比下层的宽10~20mm。

2）粘贴碳纤维加固法。粘贴碳纤维加固法是利用粘结剂将碳纤维增强复合材料（CFRP）粘贴在混凝土构件表面，如图4-41所示。当结构荷载增加时，碳纤维布因与混凝土协调变形而共同受力，从而提高了混凝土构件的承载能力与刚度，对桥梁起到了加固作用。

粘贴碳纤维加固法的施工步骤如下：

① 施工前的准备：熟悉施工现场和被加固构件混凝土的实际情况，拟出施工大纲；提前准备好所需的纤维布、配套树脂、机具等。

② 混凝土表面的处理：用砂轮机清除和打磨混凝土表面的劣化层，凿除被加固构件表面的剥落、疏松、蜂窝、腐蚀等部分混凝土，并用修复材料将表面修复平整；在裂缝部分注入环氧树脂浆进行修补；基面的错位与凸出部分要磨平（可在锚固加强区每隔5cm刻痕一

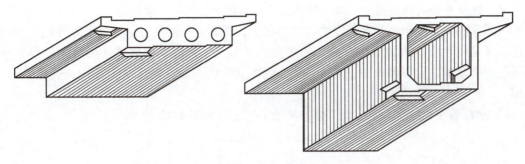

图 4-41 粘贴碳纤维加固法示意图

道,以加强粘贴效果),转角部位要进行倒角处理并打磨成圆弧状,圆弧半径不应小于2cm;清除工作面的灰尘并保持干燥。

③ 清洗基面:用钢丝刷刷去表面松散浮渣,再用压缩空气除去粉尘;用丙酮或无水酒精擦拭表面,也可用清水冲洗,保证其充分干燥。

④ 配制底层树脂并涂刷:按比例准确配制好底胶并搅拌均匀,注意一次调和量在规定时间内用完(超过时间的绝不可使用,以确保粘接质量);用毛刷或特制滚筒刷将底层树脂均匀地涂抹在基面上,注意直横均匀涂抹,自然风干(冬季施工时胶的黏度较高,不能涂得太厚);底胶硬化后,若表面有凸起部分,应用砂纸或磨光机打光;待底胶指触干燥后再进行下一道工序。

⑤ 配制找平材料并整平:用找平胶填补粘贴面上的凹陷部位,消除棱角;用找平材料将转角处修复为光滑的圆弧;待找平胶指触干燥后再进行下一道工序。

⑥ 配制粘结树脂。

⑦ 粘贴碳纤维布(碳纤维片):待粘贴面上画出各层位置;按设计尺寸裁剪碳纤维布,根据现场施工经验和作业空间确定下料长度,若需接长时,接头的长度一般不小于15cm;裁剪好的纤维布必须呈卷状妥善摆放,不得展开平铺放置;配制浸渍树脂并均匀涂抹于所要粘贴的部位;粘贴碳纤维布时,应依设计位置由上而下,由左至右有秩序地粘贴,用一次性软毛刷或特制滚筒沿纤维方向多次涂刷,挤去气泡,并使浸渍树脂充分浸透纤维布,涂刷时不得损伤纤维布;多层粘贴时应重复上述步骤,待纤维表面指触干燥时即进行下一层的粘贴;即时观察贴片是否粘贴密实,若发现有间隙或气泡,则应及时处理。

⑧ 罩面防护处理:粘贴完碳纤维布后,即时在最后一层的碳纤维布表面再均匀涂抹一层浸渍树脂,并使其自然风干;确保贴片表面已充分风干结合后,在其表面涂抹罩面胶或采取其他措施处理,以保证防护材料与原有纤维布之间有可靠的粘结及其各层胶的耐久性。

3)粘贴钢板法。首先按所需尺寸切好钢板,用打磨机研磨,使其表面露出金属光泽,修凿裂缝附近混凝土表面使其平整,用丙酮或二甲苯擦洗修补部位的混凝土表面及钢板面以去除粘结面的油脂和灰尘,在钢板和混凝土粘贴面上均匀地涂刷环氧基液粘结剂,用方木、角钢和固定螺栓等均匀地压贴钢板。待养生到所需时间后,拆除方木、角钢等材料,并在钢板表面上再涂刷一层养护涂料(如防锈油漆)。

(3)压力灌浆修补法 压力灌浆法一般用于裂缝宽度大于0.25mm时,且裂缝多并深入结构内部或结构有空隙的部位。它通过施加一定的压力,将浆液灌入结构内部裂缝中,以封闭裂缝，恢复并提高结构强度、耐久性和抗震性。该法依据灌入浆材的不同，可分为水泥灌浆法（灌浆材料有纯水泥、水泥砂浆、水泥黏土、石灰、石灰黏土、石灰水泥等）、化学灌浆法（灌浆材料有环氧树脂类浆液、丙烯酸酯类浆液、水玻璃类浆液、丙烯酰胺类浆液、丙烯酸盐类浆液、聚氨酯类浆液等）、以及沥青灌浆法。沥青灌浆法不常用，这里不进行介绍。

1）水泥灌浆修补法。水泥灌浆修补法的工艺流程如图4-42所示。

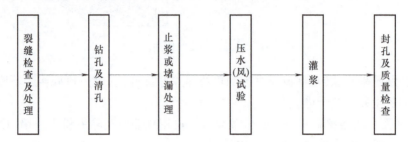

图4-42 水泥灌浆修补法的工艺流程

水泥灌浆修补法的施工要点如下：

① 灌浆前应再仔细检查一遍裂缝，确定修补的数量、范围、钻孔的位置及浆液数量。

② 钻孔时，一般不可顺着裂缝方向。钻孔轴线与裂缝面的交角以大于30°为宜。

③ 钻孔完毕后应清孔，可用水由上向下冲洗各孔。用水冲净后，再用压缩空气将各孔吹干。孔眼的冲洗、吹风是按由上向下、一横排接一横排的顺序进行的。

④ 灌浆前应先将结构中大的裂缝与孔隙堵塞起来，以防灌浆时浆液通过它们流到表面，即止浆、堵漏处理。止浆、堵漏主要有三种方法，用水泥砂浆或环氧砂浆涂抹，用环氧胶泥粘贴，用棉絮、麻布条等嵌塞等。

⑤ 灌浆前应作压水或压风试验，以检查孔眼畅通情况及止浆效果。

⑥ 通过结构上人工钻成的孔眼将水泥浆液灌入。

⑦ 圬工结构灌浆时，水泥标号一般不低于325号，灌浆压力一般为0.1~0.304MPa。

⑧ 混凝土、钢筋混凝土结构灌浆时所用的水泥标号一般不低于425号，灌浆压力一般为0.405~0.608MPa。

⑨ 当工程量较大时，可采用灌浆机、灌（压）浆泵、风泵等加压设备。当工程量较小时，可采用打气筒状的注射器施工。

2）化学灌浆修补法。化学灌浆修补法的工艺流程如图4-43所示。

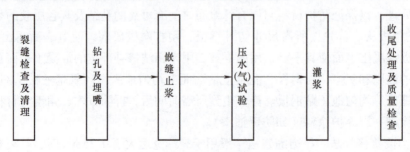

图4-43 化学灌浆修补法的工艺流程

化学灌浆修补法的施工要点如下：

① 灌浆前应先对修补部位的裂缝情况进行详细的检查、记录。做好定量和定性的分析，据此计算和安排有关灌浆材料配量、埋嘴、灌浆注射等工作。

② 在裂缝两侧画线之内用小锤、手铲、钢丝刷等工具将构件表面整平，凿除突出部分，再用丙酮擦洗，清除裂缝周围的油污，但不要将裂缝堵塞。

③ 应选择大小合适、自重尽可能轻的灌浆嘴。嘴子的布置原则是：宽缝稀，窄缝密；断缝交错处单独设嘴；贯通缝的灌浆嘴设在构件的两面交错处。

④ 埋嘴前，先把灌浆嘴底盘用丙酮擦洗干净，然后用灰刀将环氧胶泥抹在底盘周围，骑缝埋贴到构件裂缝处，但不要将灌浆嘴和裂缝灌浆通道堵塞。

⑤ 埋嘴后，应封闭其余裂缝，进行嵌缝或堵漏处理，以保证浆液将裂缝填充密实、防止浆液流失。封闭方法是对于裂缝较小的混凝土构件，先沿裂缝走向均匀地涂刷一层环氧浆液，宽 7~8cm，再在其上分段紧密贴上一层玻璃丝布，宽 5~7cm。在灌浆嘴底盘周围 5~10mm 的范围内不贴玻璃丝布，可用灰刀沿其周围先抹上一层环氧胶泥（鱼脊状），再刷上一层环氧浆液。对于裂缝较大的混凝土构件，先沿裂缝用风镐凿成 V 形槽，宽 5~10cm，深 3~5cm，再清除槽内松动的碎屑、粉尘，最后向槽内填塞水泥砂浆。

⑥ 在前一步骤完成一天以后，应进行压水或压气试验，以检查裂缝封闭及孔眼畅通情况。

⑦ 化学灌浆可采用两种工具。手压泵在裂缝较大时采用。灌浆注射器在裂缝较细微、灌浆量不大时采用。两者灌浆时均应保证泵或注射器针头与灌浆嘴的严密连接，不能漏气。前者与灌嘴可用聚氯乙烯透明塑料管连接；后者可将气门芯套在针头上，再将针头插入灌浆嘴内进行灌浆。

⑧ 灌浆时应注意压力的控制。当裂缝较宽，进浆通畅时，压力应小，手压泵泵压控制在 0.1~0.2MPa。当裂缝细微、进浆困难时，压力应大些，手压泵泵压控制在 0.4MPa 左右。用灌浆注射器注射主要靠手的推力，以灌得进浆液为准。

⑨ 灌注的次序应事先标定。原则是竖向裂缝先下后上，水平裂缝由低端逐渐灌向高端，贯通裂缝在两面一先一后交错进行。灌注过程中应随时注意排气。每灌完一个灌浆嘴，不要急于转移器械，应稳压几分钟，待所修补裂缝吃浆饱满再灌下一个灌浆嘴。在每个灌完的灌浆嘴上绑扎一段透明塑料管，以便溢浆时可立即扎死管子。

⑩ 灌浆完毕待浆液聚合固化后，拆除灌浆嘴，并用环氧胶泥抹平。在每一道裂缝表面再刷一层环氧树脂水泥浆，以确保封闭严实。

另外，施工时应注意安全。施工现场注意通风，以防技术人员中毒；灌浆材料应密封储存；施工人员应佩带口罩、橡胶手套、防护眼镜等；身体接触到环氧树脂材料时不可用丙酮等溶剂清洗，应先用锯木屑或去污粉擦除，再用肥皂热水清洗；施工器械可用丙酮、甲苯等溶剂或热水清洗；施工现场严禁明火；注意器械与残液的回收，以防污染环境。

2. 表层缺陷的维修

混凝土桥梁表层缺陷形式多种多样，常见的表层缺陷形式有麻面、蜂窝、空洞、剥落、磨损、露筋等。表层缺陷维修方法有混凝土修补法、水泥砂浆修补法、混凝土粘结剂修补法。

（1）混凝土修补法　混凝土修补法主要应用于混凝土桥梁结构中出现的蜂窝、空洞及较大范围破损等缺陷，一般可采用级配良好的混凝土进行修补。修补前，应将构件中的蜂窝或空洞缺陷部分尽可能凿除，还应对混凝土修补部位进行凿毛处理，并使混凝土表面保持湿润、清洁、不沾尘土。其后最好在钢筋和其周围的混凝土上涂抹一层水泥浆液或其他胶结剂（浆液应仔细地刷进混凝土内并均匀地刷到钢筋上），这样可在钢筋周围造成强碱性环境，增强新、老混凝土间的粘结。在浆液涂抹尚未凝固时，立即浇筑上新的混凝土。

混凝土的修补法主要有直接浇筑法、喷射法和压浆法等。对于面积较大的修补工作，在浇筑混凝土前还应立上模板，以保证修补的外观质量。混凝土浇筑后应尽可能地捣实。

在新、旧混凝土接缝表面各15cm宽的范围内，用钢丝刷除去所有软弱的浮浆，刷净尘土，涂抹两层封闭浆液，如环氧树脂浆液。第二层的涂抹方向应与第一层垂直。最后对修补部分进行养护，养护方法与通常混凝土养护相同。

（2）水泥砂浆修补法　水泥砂浆修补法包括水泥砂浆人工涂抹法和喷浆修补法。

水泥砂浆人工涂抹法主要应用于小面积的缺陷，特别是损坏深度较浅的修补，该法修补工艺简单。修补前，应将构件中的缺陷部分尽可能凿除，还应对混凝土修补部位进行凿毛处理，并使混凝土表面保持湿润、清洁。其后在钢筋和其周围的混凝土上涂抹一层水泥浆液或其他胶结剂，浆液应仔细地刷进混凝土内并均匀地刷到钢筋上。在浆液涂抹未凝固时，将拌和好的砂浆用铁抹抹到修补部位，反复加强压实，并按普通混凝土要求进行养护。修补工作完成后的一个月左右，常会发现在新补砂浆四周产生细丝状的收缩裂缝，需视具体情况采取封闭措施。可在新补区域周围再涂上两层如前所述的环氧树脂胶液等胶粘剂。

喷浆修补法主要应用于混凝土表面大面积缺损的修补及重要混凝土结构物的修补。该方法将水泥、砂和水的混合料，经高压通过喷嘴喷射到修补部位。该方法的主要特点是：用较小的水灰比，较多的水泥，获得了较高的强度和密实度；喷射的砂浆层与受喷面之间，具有较高的粘结强度和耐久性；工艺简单，工效较高；材料消耗较大，当喷浆层较薄或不均匀时，干缩率大，易发生裂缝。修补前，应将构件中的缺陷部分尽可能凿除，还应对混凝土修补部位进行凿毛处理。凿毛表面应有一定深度，但凹凸不宜过大，以免表面各处在喷浆时因受力不均匀影响到与老混凝土的粘结。修补前应使混凝土表面保持湿润、清洁。最好在钢筋和其周围的混凝土上涂抹一层水泥浆液或其他胶结剂。当修补要求挂网时，在施工前还应进行钢筋网的制作、安装、固定。

喷浆工艺一般采用干喷法，其工艺流程如图4-44所示。

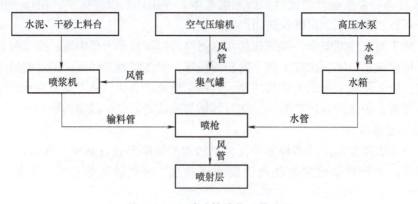

图4-44　干喷法的喷浆工艺流程

喷浆前应准备好足够的砂子与水泥。将其均匀拌和后，保存在不受风吹日晒之处。为避免砂中的水分和水泥因水化作用而结成硬块，应及时使用。输料管应采用软管，管长不宜短于15m（一般为25~70m），升高不宜超过10m。喷浆工作压力应在0.25~0.40MPa的范围内，随管长、升高高度调整。喷枪头与受喷面间应保持一定距离（一般为800~1200mm），喷射方向以垂直为宜。喷射层厚度有着严格的要求，当喷射层较厚时，需分层喷射，每层应控制厚度如下，仰喷20~30mm，侧喷30~40mm，俯喷50~60mm。下一层的喷射应在前一层尚未完全凝固时开始，两层间隔时间一般为2~3小时，并应在前一层洒水润湿。当前一层已凝固时，应保证在砂浆表面不被破坏的前提下，用钢丝刷轻轻将层间松砂刷除，以使层间结合良好。

喷射后一般需养护1~2周。养护期中，为了避免产生收缩裂缝，一定要使砂浆喷射层处于通风干燥的条件下。养护期内注意喷射层避免阳光直射、雨打浪击、强烈振动等造成破坏。

（3）混凝土粘结剂修补　混凝土粘结剂修补有人工表面封涂修补法和浇筑涂层修补法。

人工表面封涂修补法主要用于混凝土桥梁结构表面的风化、剥落、露筋等小面积的破损。该方法利用混凝土胶粘剂表面封涂修补。封涂时，应按由低向高，由外向内的方向进行，应使封涂缺陷的周围有20mm宽的粘附面。封涂层厚度应大于25mm。人工表面封涂修补法的工序见图4-45。

浇筑涂层修补法主要用于混凝土结构较大且较深的缺损。该方法是利用混凝土胶粘剂浇筑涂层对缺损进行修补，工序见图4-46。

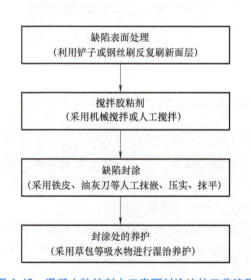

图4-45　混凝土粘结剂人工表面封涂法的工艺流程　　图4-46　混凝土粘结剂浇筑涂层法的工艺流程

3. 内部缺陷的维修

钢筋混凝土桥梁常见的内部缺陷有钢筋锈蚀，骨料膨胀裂缝，混凝土强度不足，混凝土保护层厚度不足，混凝土内部的空洞、蜂窝等。下面主要讲解钢筋锈蚀及骨料膨胀裂缝的处理。

（1）钢筋锈蚀的维修　钢筋锈蚀的维修可按以下步骤进行：

1) 凿除松脱、剥离等已损坏部分的混凝土，使钢筋全部露出。

2) 用喷砂枪或钢丝刷等对钢筋作除锈处理，并在除锈后及时清除钢筋及混凝土表面上的铁锈与灰尘，必要时在除锈后还应对钢筋进行防锈处理。

3) 在清除好的混凝土与钢筋表面涂上环氧胶液等粘结剂，以提高新、老混凝土的粘结力。

4) 用新的混凝土或砂浆填补，可采用普通混凝土立模浇筑法、干（湿）式喷浆法等，也可用环氧砂浆、环氧混凝土或其他防腐蚀材料来修补。

5) 对新喷涂（浇筑）的混凝土进行表面处理，以防混凝土表面重新碳化。

(2) 骨料膨胀裂缝的维修　骨料膨胀裂缝的维修方法如下：

1) 在施工前，应该对骨料进行检验，对水泥及添加剂的碱含量加以控制，做好防水隔离，这是最好的预防措施。

2) 对于已建结构，必须发现一处及时有效地修补一处，同时作好混凝土毛细孔封闭工作，隔绝水分或潮气浸入，以减缓病害发展速度。若发现病害已较严重、维修加固已不经济，则应拆除重建。

4. 提高主梁承载力加固法

(1) 体外预应力加固法　在梁底锚固多根平行的预应力细钢丝，张拉后覆盖特制混凝土，如图 4-47 所示，或者设转向托架后折线形布钢束张拉，预应力钢索穿过两端板中斜孔锚固于铺装层下，如图 4-48 所示。

图 4-47　板底锚固多根预应力钢丝　　　　图 4-48　折线形布置体外预应力索

(2) 改变结构体系法　改变结构体系法是通过改变桥梁的结构体系以减小其弯矩。改变结构体系加固法主要有以下三种：

1) 在梁下增设钢桁架等加劲梁或叠合梁。

2) 在简支梁下增设支架或桥墩（改变了简支梁结构体系，但应注意支点处将产生负弯矩，因此必须认真进行受力计算，必要时应结合桥面改造，增设足够的受拉钢筋）。

3) 简支变连续（即将简支梁与简支梁加以连接，改变为连续梁结构）。

因为改变结构体系加固的各种方法均需在桥下操作、设置永久设施，从而影响了桥下净空，故制定加固方案时均须考虑对通航及排洪能力的影响，而简支变连续法影响最小，所以最常用，下面介绍这一方法。

简支变连续法的施工步骤如下：

① 凿除原桥梁端上缘混凝土及桥面铺装，布置新增的负弯矩钢筋。

② 把相邻梁端伸缩缝间隙用膨胀混凝土填塞密实，以备支点负弯矩区段下缘受压。

③ 按连续梁计算布置新铺桥面钢筋，特别是墩顶上桥面负弯矩配筋。

④ 浇筑整体桥面混凝土并养生至设计强度。

(3) 增大截面加固法　增大截面加固法又称为"外包混凝土"加固法，通过增大混凝土构件的截面和配筋，提高构件的强度、刚度、稳定性和抗裂性等。

该法可分为单侧、双侧、三侧或四周外包加固。根据加固目的和要求的不同，可以是以增大断面为主的加固，可以是以增配钢筋为主的加固，也可以是两种方法同时采用的加固。

以增大断面为主时，为了保证补加混凝土正常工作，亦需适当配置构造钢筋。以增配钢筋为主时，为了保证配筋的正常工作，亦需按钢筋的间距和保护层等构造要求决定适当增大截面尺寸。加固中应将新旧钢筋焊接，或用锚杆连接补强钢筋和原构件，同时将旧混凝土表面凿毛清洗干净，确保新旧混凝土良好结合。

增大截面加固法可采用如下施工步骤：

1）凿槽、配设补强钢筋。先沿着原构件底部主筋部位下面凿槽。槽不宜过宽过深，以不影响补强钢筋的放置及焊接为度，并尽量减少原主筋周围混凝土的握裹力损失。凿好槽后，剪断原有钢筋，放入补强钢筋。

2）将补强钢筋与原主筋焊接。焊接时一般可采用焊一段空一段的间断焊接方式（焊缝长约6~8cm），以免温度过高影响混凝土质量。剪断的钢箍可焊在补强钢筋上，使其形成较为牢固的钢筋骨架。

3）将板梁底部混凝土表面凿毛、洗净。为保证新旧混凝土的接合，减少因变形而产生的接合裂缝，在喷涂砂浆或浇筑混凝土前，应用压力水冲除接合部位的余灰，并使其湿润。

4）喷涂或浇筑砂浆或混凝土予以覆盖，以形成新旧钢筋混凝土结合良好的断面。混凝土或砂浆覆盖层不宜太薄，其厚度应符合钢筋混凝土截面保护层的要求。

5）加强新浇水泥砂浆层或混凝土层的养生工作，避免因过早行车而影响工程质量。

6）为避免影响桥下通航、通车，还可采用悬挂式脚手架的形式进行施工。施工时，在桥的两侧钢筋混凝土栏杆上系绕直径为20mm左右的钢丝绳，并穿过泄水孔兜住桥面，桥下一头的钢丝绳捆扎圆木，上面加方木再满铺5cm木板用于施工作业，脚手架顶面距梁底2m左右为宜。

（4）增设辅助构件加固法　当桥梁承载能力不能满足要求，但梁体结构基本完好时，为了提高荷载等级，可以考虑采用增加辅助构件对策。增设辅助构件加固一般采用增设主梁和横梁的方法，如图4-49所示。

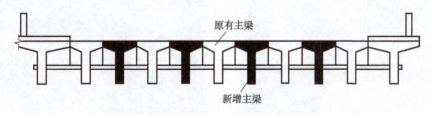

图4-49　增设辅助构件加固法示意图

1）增设主梁加固法。增设主梁一般也有两种方式，其一是在增设主梁的同时，对桥面进行拓宽，其二是在不拓宽桥面情况下增设主梁。增设主梁对桥面进行拓宽时，新增设的主梁在横桥向的布置方式将直接影响施工的难易程度，改变新旧主梁的受力状态，改善荷载横向分布。

不拓宽桥面增设主梁时，新增主梁一般设置在原有中梁两侧，在新增主梁位置上将原桥面凿开，切断原横隔梁，利用原结构设置悬挂模板，现场浇筑新增主梁混凝土。对于预应力混凝土桥梁,应考虑到在桥上无法进行预应力张拉,新增预应力梁必须先在预制场张拉后再安装就位。新增主梁加固方法对于过去常见的少主梁或双主梁整体现浇式桥梁的技术改造尤为有利,这种原有上部结构主梁的间距大,因此新增的主梁容易布置与浇筑,增加主梁后的上部结构承载能力可以得到明显提高,而且增加主梁后也改善了原有桥面板的受力状况。为了使新旧结构连成整体共同受力,可将原主梁的横隔梁内钢筋与新梁横隔梁的钢筋焊接起来,或通过预埋钢板将新旧横隔梁连接。有时还在横隔梁下部增设贯通全桥宽的连接钢筋,并加大横隔梁下缘混凝土截面,将此钢筋包裹在混凝土内。与此同时,整体浇筑桥面铺装混凝土,并常常在其中设置钢筋网,以进一步加强整体性。

2)增设横梁加固法。增设横梁的方法常用于因横向整体性差而降低承载能力的桥梁上部结构,以增加其各主梁之间的横向连接。在新增横隔梁部位的主梁梁肋上钻孔,设置贯通全桥宽的横向连接钢筋,此钢筋的两端用螺帽锚固在两侧主梁梁肋外侧。浇筑新增横隔梁混凝土之前应将与主梁结合处的混凝土表面先凿毛洗净,再悬挂模板浇筑横隔梁混凝土。

案例分析

京昆高速绵广磨沙段 K1663+692 主线桥养护维修案例

一、案例背景资料

1. 工程概况

K1663+692 主线桥分左右幅,跨径布置为 1×7.2m,桥梁总长为 8.0m。沥青混凝土桥面铺装,毛勒式伸缩缝;上部结构为现浇板,单幅宽为 12.2m;下部结构为重力式台、八字翼墙,简易油毡支座。

设计荷载:汽超-20、挂车-120。桥梁上部、下部结构照片如图 4-50 和图 4-51 所示。桥梁平面布置如图 4-52 所示。

图 4-50 上部结构

图 4-51 下部结构

2. 桥梁检查

(1) 桥梁检查时发现的主要问题 上部结构检查中主要发现板梁翼板纵向裂缝 4 条,宽度范围为 0.18~0.60mm,长度范围为 2.6~7.2m,总长为 24.2m,其中一条超过限值,长度为 7.2m。

(2) 上部结构检查结果 上部结构检查结果见表 4-1。

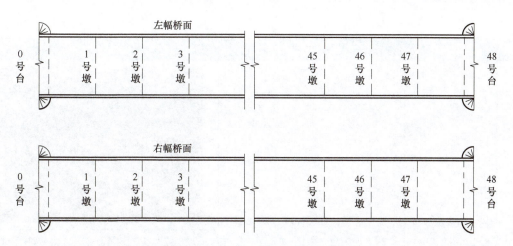

图 4-52 K1663+692 主线桥平面图

表 4-1 上部结构检查汇总

编号	位 置	具 体 描 述	图 片
1	左幅现浇板板底距左边 5.7m 处	纵向裂缝 $L=7.2$m，渗水析白	
2	左幅现浇板板底距左边 4.3m 处	纵向裂缝，$L=2.6$m，$W=0.18$mm	

(续)

编号	位置	具体描述	图片
3	右幅现浇板板底距左边6.1m处	纵向裂缝，渗水析白，$L=7.2$m，$W=0.60$mm，$h=33.00$mm	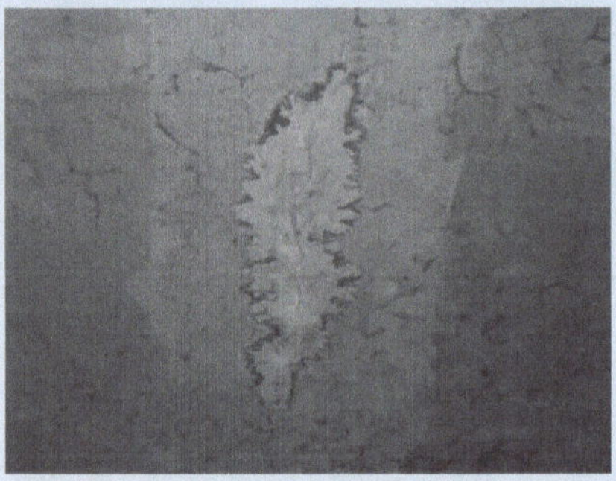 
4	右幅现浇板板底距右边3.8m处	纵向裂缝，$L=3.8$m，$W=0.20$mm	

二、案例分析要求

分析京昆高速绵广磨沙段 K1663+692 主线桥上部结构各种病害的发生原因，并给出各种病害的处理方法。

三、案例分析要点

本案例考核梁桥病害分析和治理的有关问题，主要涉及梁桥的各种病害原因及处理措施等问题。要求根据《公路养护技术规范》（JTG H10—2009）、《公路桥涵养护规范》（JTG H11—2004）的要求，正确分析本工程梁桥病害发生的原因并制订针对性的梁桥养护维修方案。因此，在案例分析时，要根据本案例背景给定的条件，分析每一个病害发生的原因有针对性地提出养护维修对策。

四、案例分析过程

1. 病害发生原因分析

1) 现浇板板底纵向裂缝是由于现浇板较宽，横向弯矩过大，导致产生从板底向上发展的荷载型裂缝。

2）渗水析白是泛碱现象，是水泥受水后水化反应产物结晶析出形成的。

2. 病害处理方法

1）宽度 0.2mm 以内的裂缝，冲洗干净后，采用灌封胶填充，做好防水。

2）宽度超过 0.2mm 的裂缝先填充裂缝，再采取粘贴钢板或碳纤维布等方法加固，提高现浇板的承载力。

3）碱迹部位的处理：边梁需要做滴水槽。所有碱迹部位均要进行清除，然后涂防水剂。

本节总结

通过本节内容的学习，掌握梁桥上部结构病害的分析方法，能够提出梁桥上部结构的养护维修对策。本节案例以病害分析为主，由于梁桥上部结构病害类型较多，很多病害比较类似，容易出现混淆，必须弄清不同病害的发生机理，才能找出产生病害的真正原因，确保养护维修对策的合理性。

4.2 拱桥上部结构常见病害原因分析与养护维修

知识学习

混凝土拱桥上部结构病害包括钢筋混凝土双曲拱桥病害、钢筋混凝土桁架拱桥病害以及钢筋混凝土刚架拱桥病害等。

一、双曲拱桥上部结构的常见病害分析

双曲拱桥主拱圈由拱肋、拱波、拱板及横向联系组成，如图 4-53 所示。由于其组成构件较多，整体性较差，故其病害较多，其常见病害为构件上裂缝、拱上建筑侧墙外鼓、拱上

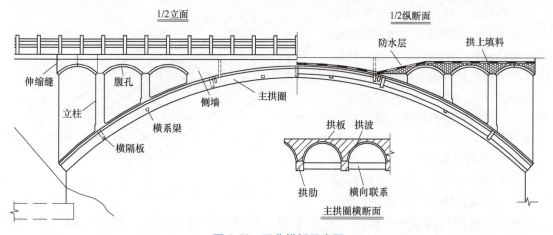

图 4-53 双曲拱桥示意图

建筑侧墙与主拱圈脱离等。

1. 拱肋径向裂缝

（1）病害描述　拱肋径向裂缝根据分布位置不同分为拱肋跨中径向裂缝和拱肋拱脚附近径向裂缝。

拱肋跨中径向裂缝一般分布在拱肋跨中部分的 2~5m 之间，即约在（1/4~3/4）L 范围内。在拱肋侧面上，裂缝由拱肋下边缘向上延伸，裂缝宽度一般为 0.1~0.3mm，裂缝延伸长度约为 0.2~0.3m 左右，如图 4-54、图 4-55 所示。

拱肋拱脚附近径向裂缝一般在拱座与拱脚交接处附近发生 1 条或者数条。在拱肋侧面上，裂缝由拱肋上缘向下延伸，如图 4-54 所示。

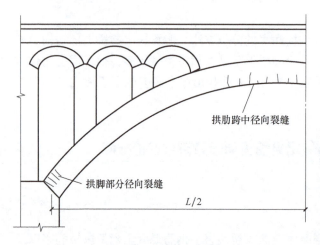

图 4-54　拱肋径向裂缝

图 4-55　拱肋拱顶区域下缘存在竖向裂缝照片

（2）病害原因　出现拱肋跨中径向裂缝的主要原因是桥台产生水平位移，使拱顶区段正弯矩较大幅度增加，拱顶下缘受拉产生裂缝。如果桥台稳定无明显位移，则可能是拱肋截面太薄弱，在正弯矩的作用下，导致拱肋下缘开裂。

与拱肋跨中径向裂缝产生原因相似，出现拱肋拱脚附近径向裂缝的原因主要是桥台产生的水平位移，使拱脚区段负弯矩较大幅度增加，使拱肋上缘受拉开裂。也可能是拱圈截面太薄弱，在负弯矩的作用下，导致拱肋上缘开裂。

2. 拱波顶纵向裂缝

（1）病害描述　拱波顶纵向裂缝只发生在双曲拱桥主拱圈的拱波顶上，裂缝沿纵向延伸较长，横向往往有数条，且裂缝的宽度较大，如图 4-56、图 4-57 所示。

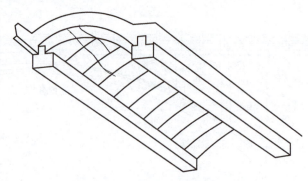

图 4-56　拱波顶纵向裂缝示意图

(2) 病害原因　产生拱波顶纵向裂缝的原因主要是主拱圈的横向联系薄弱，主拱圈横向刚度和强度不足。桥越宽，拱波的矢跨比越小以及横向联系越弱，这类裂缝越容易发生。当然也和拱板混凝土的收缩有关，加之拱波顶处为主拱圈截面上最薄弱的地方，所以在波顶出现这类裂缝。另外桥台基础的横向不均匀沉降也可能造成这一病害，在板拱桥和箱拱桥中，表现为在板底纵向裂缝，有时甚至纵向贯通。在肋拱桥中，可表现为横系梁的开裂。

3. 拱肋与拱波结合面裂缝

(1) 病害描述　拱肋与拱波结合面裂缝即双曲拱桥的拱肋与拱波交界处沿桥跨方向的裂缝。如图 4-58 所示的是拱肋与拱波结合面的裂缝。

图 4-57　拱波顶纵向裂缝

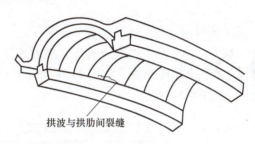

图 4-58　拱肋与拱波结合面裂缝示意图

(2) 病害原因　出现拱肋与拱波结合面裂缝的原因主要是拱肋与拱波、拱板联系薄弱。如拱肋与拱板间未设锚固钢筋，或锚固钢筋过细，间距过大等，拱波坐浆不良也是原因之一。当桥台水平位移时，拱肋、拱波结合面的剪力（在拱脚截面附近区段）或拉力（在拱顶截面附近区段）使这类病害更易发生，如图 4-59 所示。

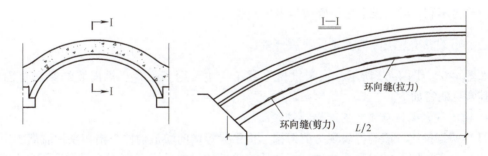

图 4-59　拱肋与拱波结合面裂缝产生原理图

4. 拱上建筑侧墙外鼓

(1) 病害描述　拱上建筑侧墙向外鼓胀变形，当拱上建筑采用圬工结构时，往往出现块材间砌筑砂浆裂缝。拱上建筑侧墙外鼓直接造成侧墙本身的破坏并可能牵连桥面系的破坏，降低行车安全性，如图 4-60 所示。

(2) 病害原因　双曲拱桥侧墙发生鼓肚，一般是由于排水不良，填土内聚积大量水分而造成膨胀，也可能是砌筑质量不佳引起的。

图 4-60　拱上建筑侧墙向外鼓胀
变形、块材间砌筑砂浆裂缝

5. 拱上建筑侧墙与主拱圈脱离

（1）病害描述　拱上建筑侧墙与主拱圈连接部位脱离，形成在拱圈的跨中区段拱背与拱上建筑之间较大宽度裂缝，如图 4-61 所示。该病害多出现在拱上建筑采用砖和石砌体，而拱肋为混凝土结构的情况中。

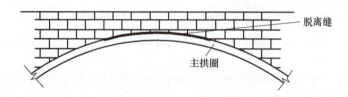

图 4-61　拱上建筑侧墙与主拱圈脱离

（2）病害原因　拱桥上部结构整体性破坏，同时墩台较大水平位移和不均匀沉降造成主拱圈受力不利，导致拱上建筑侧墙与主拱圈脱离。

二、桁架拱桥上部结构的常见病害分析

如图 4-62、图 4-63 所示，桁架拱桥上部结构主要由桁架片、横向联结系和桥面联组成，其常见病害如下。

1. 横向联系构件与拱片的连接部位脱离

（1）病害描述　该病害表现为剪刀撑、横系梁等横向联系构件与桁架拱片脱离。

（2）病害原因　横向联系构件与拱片的连接部位脱离的主要原因为横向联系的刚度弱，桥梁整体受力较差。横向联系（如横隔板、横系梁、剪刀撑等）与拱片的连接部位脱离会造成上部结构工作的整体性降低。当剪刀撑等横向联系构件与拱片的连接部位脱离较多时，无法有效约束拱片的横向变位，则造成拱片上的微弯板或肋腋板开裂，甚至破坏掉落，会造成桥上行车事故。

2. 下弦杆拱脚处横向裂缝

（1）病害描述　下弦杆靠近拱脚处出现沿下弦杆横向的裂缝。

（2）病害原因　该病害主要原因是桥台、墩基础出现不均匀沉降，使拱脚处出现竖向剪切应力，导致拱脚下弦杆件出现裂缝。

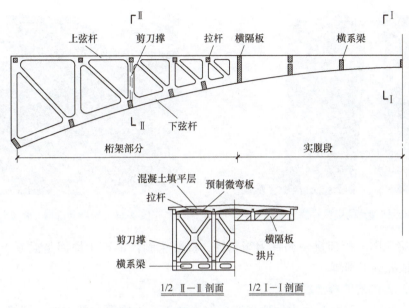

图 4-62　桁架拱桥上部结构示意图

图 4-63　桁架拱桥上部结构

3. 弦杆端部节点裂缝

（1）病害描述　该病害往往表现为上弦杆端部节点竖向裂缝。

（2）病害原因　主要原因是桥台、墩基础出现不均匀沉降，造成上弦杆端部凸杆与桥台、墩柱搭接扣死，使该节点出现竖向剪切应力，导致节点出现裂缝。

4. 横系梁、横拉杆、横隔板竖向开裂

（1）病害描述　横系梁、横拉杆、横隔板部分构件出现或同时出现竖向开裂。

（2）病害原因　主要原因是由于原桁架拱桥设计标准较低，横向联系较薄弱，而近年来交通量增大而且超载车辆比例大，造成桁架竖向变形量大，使横向联系的梁、杆、板出现竖向裂缝，甚至断裂。

5. 桁架拱桥构件钢筋锈蚀、混凝土剥落

（1）病害描述　该病害表现为桁架拱桥的各种弦杆和横向联结系中的钢筋锈蚀、露筋、混凝土剥落，图 4-64、图 4-65 所示为桁架片的竖弦杆和斜弦杆露筋锈蚀。

图 4-64　桁架片的竖弦杆露筋锈蚀

图 4-65　桁架片的斜弦杆露筋锈蚀

（2）病害原因　桁架拱桥构件钢筋锈蚀、混凝土剥落的产生原因是混凝土保护层薄，钢筋锈胀导致混凝土剥落。

6. 沿钢筋方向的混凝土裂缝

（1）病害描述　钢筋混凝土桁架拱的杆件表面出现沿钢筋向的混凝土裂缝，严重者会有混凝土剥落，如图 4-66 所示。构件沿箍筋方向的裂缝往往形成环向，而沿纵向钢筋的裂缝延伸较长，在节点上的裂缝也沿钢筋纵横交错。这类裂缝出现在边拱片情况较多。

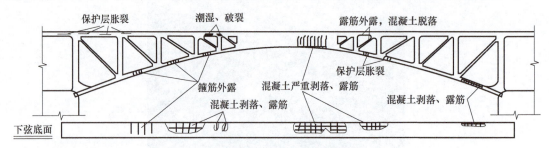

图 4-66　桁架拱桥钢筋锈蚀示意图

（2）病害原因　该病害多是由于钢筋锈蚀膨胀引起混凝土保护层开裂、剥落。

7. 微弯板（桥面板）裂缝、破碎

（1）病害描述　如图 4-67 所示，微弯板的裂缝通常发生在板厚最薄弱部位及接缝处。微弯板在板底中心截面附近厚度薄易出现裂缝，尤其当微弯板的跨径很大时，有时可能出现通长裂缝。

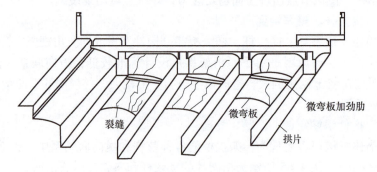

图 4-67　桁架拱桥微弯板裂缝示意图

钢筋混凝土平板和肋腋板是我国桁架拱上常用的桥面板形式,其中微弯板运用较多,微弯板出现裂缝与桥面铺装裂缝的相互连通,致使桥面水渗流入微弯板中,因而微弯板底面裂缝往往伴随游离石灰、水痕,使微弯板的混凝土劣化,裂缝进一步扩展,最终发生微弯板断裂和突然掉板,造成桥面行车不安全。

(2)病害原因　主要原因是桥面板设计标准低,微弯板或拱波厚度不足,混凝土强度低,桥面铺装层薄弱,造成桥面刚度不足,随着交通量的大幅增加,特别是超载车辆的破坏作用,致使桥面铺装层和微弯板开裂,如不及时维修,部分微弯板发生破碎,形成桥面坑洞而影响行车安全。

8. 拱脚水平位移和拱顶下沉

(1)病害描述　桁架拱桥两拱脚向两侧水平位移,导致拱顶下沉,低于拱顶设计高程。

(2)病害原因　拱桥是具有推力的结构,拱桥中墩台因主拱推力过大发生拱脚水平位移是拱桥中常见的现象,很多拱桥的调查资料中出现拱脚水平位移的又会伴随有拱顶下沉现象。拱脚水平位移过大是引起桁架拱桥的缺陷与病害的主要原因之一,对结构受力、耐久性和行车舒适性影响很大。

9. 拱片上弦杆脱空

(1)病害描述　在单孔钢筋混凝土桁架拱桥上,拱片上弦杆末端区段应搁置在桥台的台面上,但已建成的桥梁中出现拱片上弦杆末端区段与桥台台面脱离,形成脱空状态,如图 4-68 所示。

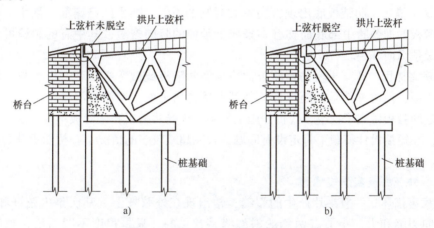

图 4-68　桁架拱桥上弦杆脱空情况示意图

(2)病害原因　由于拱桥修建时考虑不周,跨径太小,桥梁建成后不能满足水流断面的需要,在长期水力冲刷作用下,使桥台基础外露掏空,大雨季节,严重的台后被冲垮,被迫中断交通;轻的使桥台产生沉降外移,拱桥上弦杆就处于悬空或接近悬空的状态。

三、刚架拱桥上部结构的常见病害分析

刚架拱桥一般是由刚架拱片与微弯板组成。其组成部分如图 4-69 所示。刚架拱桥的常见病害与桁架拱桥类似。

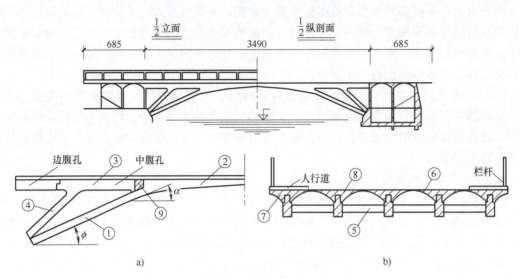

图 4-69 刚架拱桥示意图

a) 立面图 b) 拱顶横断面图

1—主拱腿 2—实腹段 3—腹孔段（中腹孔和边腹孔） 4—次拱腿
5—横隔板 6—微弯梁 7—悬臂板 8—现浇桥面 9—现浇接头

1. 桥面板病害

（1）病害描述 肋腋板底出现方向不太规则的裂缝，严重的已露筋、漏水。如果是微弯板则微弯板的加劲肋中部底面均有多条向上延伸的竖向裂缝，其中有的裂缝可延伸至板顶，造成板顶纵向开裂。

（2）病害原因 刚架拱桥的桥面板常用少筋肋腋板或微弯板两种，极少数采用矩形实心板或空心板，前两种就是在矩形板的基础上优化出来的。钢筋和混凝土用量较少，重量轻，特别是肋腋板做到了挖空，代价是施工复杂。少筋肋腋板和微弯板不仅配筋少，厚度尺寸也偏小，在短期设计荷载下肯定没有问题，长期超载较多的情况下，桥面板就会出现上述问题。

2. 内、外弦杆及实腹段病害

（1）病害描述 一般拱片产生的裂缝，常出现在外弦杆上，其次是内弦杆和实腹段。外弦杆竖向裂缝和大、小节点两侧的斜裂缝是常见的，只是程度不同而已，当然如果裂缝宽度在容许范围内，也符合设计要求，或者还不到必须加固的地步，可不处理。但对病害严重的刚架拱桥，外弦杆和实腹段跨中底部受拉区、内弦杆的裂缝较多、较宽，有的横向已贯通，竖向也裂至顶部，特别是节点两侧的斜裂缝较宽，有的已贯穿，则需处理。

（2）病害原因 弦杆及实腹段常采用矩形、工字形、箱型截面，外弦杆为受弯构件，内弦杆及实腹段为压弯（偏心受压）构件，容易产生裂缝。

3. 横向联系病害

（1）病害描述 刚架拱桥的横向联系，在弦杆及实腹段约3m一道，节点处得到加强，在拱腿及斜撑上，根据跨径大小，也有一至多道，一般情况下都比较完好。但整体性受损的刚架拱就大不一样，实腹段及弦杆段的横隔板中部大多有上下贯通的竖向裂缝，挖空的横隔板比实心横隔板严重,特别是实腹段横隔板裂缝较多、较宽,个别的几乎断裂成只有钢筋相连,拱腿及斜撑上的横向联系一般基本完好。而采用重力式墩台的刚架拱桥,横向联系很少有病害。

(2)病害原因　刚架拱桥属于轻型拱桥,刚度较低,采用柔性墩时进一步降低了其刚度,导致横向联系裂缝。

4. 主拱腿及斜撑病害

(1)病害描述　有的主拱腿和斜撑底部附近有较多由顶面而下的环形裂缝,有的开裂至截面高度一半左右。

(2)病害原因　主拱腿和斜撑为小偏心受压构件,在恒载及车辆作用下,一般不产生拉应力,其内主要按构造配筋。使用荷载下,构件不产生拉应力,但在墩、台不均匀沉降时,斜撑底部的负弯矩就非常敏感,较小的不均匀下沉,在此处将产生较大的拉应力。实桥观察也说明斜撑底部有裂缝出现,极可能是墩、台有不均匀沉降。此外,温度下降时也容易产生斜撑底部的负弯矩。

四、钢筋混凝土拱桥上部结构的养护维修

1. 双曲拱桥的养护维修

(1)拱脚段拱波顶出现沿桥轴线的纵向裂纹的维修方法　该病害可在裂纹中注入环氧树脂粘结剂,并用环氧砂浆勾缝。若填平层同时有裂纹,可用较低标号钢筋混凝土加厚该区段。

(2)拱顶、拱脚横向开裂或局部压碎的维修方法　因主拱圈为偏心受压构件,如果出现拱顶、拱脚横向开裂或局部压碎,最好采用从拱腹面或拱背面增大截面的方法加固,如凿毛原混凝土表面、植筋和布筋后浇筑混凝土或喷射混凝土,特别是拱脚处裂缝,需要在墩台帽中植入钢筋,再增大拱脚段截面,如图4-70及图4-71所示。其次可采用粘贴钢板或纤维复合材料,但应注意拱腹粘贴材料过长,受弯后产生径向撕裂作用的问题。在中、小跨径拱桥中还可考虑体外预应力加固,但应考虑对其他部位的影响。还可采用减轻拱上建筑自重,如更换填料、或挖除填料及侧墙改拱式腹孔为全空腹式梁板腹孔来减轻主拱圈负担,如图4-72所示,但主拱轴线形有所变化,应注意验算。如果是墩台位移引起的病害,且还在继续发展,则应先加固墩台,消除病因。

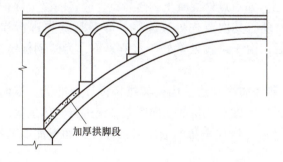

图4-70　增加拱脚段配筋并增大截面

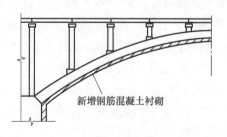

图4-71　拱腹新增钢筋混凝土衬砌

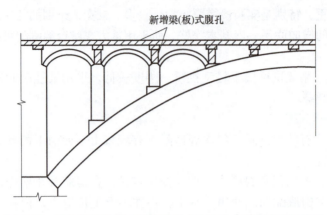

图 4-72　挖除拱上填料及侧墙改拱式腹孔为全空腹式梁板腹孔

(3) 拱顶段的波顶出现纵向裂缝（纹）的维修方法　该病害在尚未发展到桥面时则应加厚拱波。若深度发展至填平层时，则须开挖路面加厚垫平层，并加强两肋间横系梁的刚度，如拱波间灰缝脱落，可用 1:2 砂浆勾缝。

(4) 拱波与拱肋接触处产生纵向裂缝（纹）的维修方法　该病害可沿此缝隙每间隔 1~2m 嵌入高强混凝土预制块件将波肋连接，所有缝隙均用砂浆勾缝。

(5) 拱肋局部出现裂纹（宽度≤0.1mm）的维修方法　该病害可先用环氧砂浆进行封闭，如发展情况较为严重、缝宽加大、加密，可在该区段内粘贴钢筋（钢板）、或锚固一层 U 形钢丝网后，覆盖一层 2~5cm 厚的环氧砂浆。若此肋出现较大范围的裂纹，则将钢筋粘附于肋底及两侧，使之状如马蹄以扩大肋底断面。所粘附的粗筋与原有主筋进行电焊挂连，并伸入墩台帽内，其后浇筑混凝土将附加筋覆盖。

(6) 桥孔内有三根以上的肋出现较严重的裂缝的维修方法　该病害除考虑超重车过桥的原因外，还应考虑桥孔跨径的变化。若进行全面整治，应与拆除重建进行经济技术比较。

2. 桁架拱桥的养护维修

(1) 上弦杆端部节点和下弦杆拱脚处裂缝的维修加固方法　因桥梁台、墩不均匀沉降产生的桁架上、下弦桥节点处的裂缝已基本稳定，不再发展，可采用环氧树脂灰浆在其两面或三面粘贴钢板的方法进行维修加固。

加固时，首先将构件混凝土的表面凿毛，如节点处混凝土剥落严重，应将混凝土保护层凿除再粘贴钢板，粘贴钢板要进行除锈处理。其次要先处理裂缝，即对裂缝先进行灌浆（环氧灰浆）处理，然后再粘贴钢板。最后，由于拱脚处常处于水位以下，为防钢板锈蚀，粘贴钢板后要立模浇筑外包混凝土。

(2) 横系梁、横拉杆、横隔板开裂的维修加固方法　因桁架拱桥设计标准低，横向联系薄弱而不能适应大交通量或重载交通时，应考虑对全桥的横向联系系统进行整体加固。可采取加大截面法加固横拉杆和横系梁，同时适当增加全桥的横向联系杆件，如增加剪刀撑、横系梁等的方法。

1) 加大截面法。加大横系梁、横拉杆截面，要先进行加筋的焊接处理，要凿开节点处的钢筋保护层将需要增加的钢筋按设计焊接到接点处。采用吊模法浇筑混凝土。混凝土中应适当掺加膨胀剂。

2) 剪刀撑、横系梁的施工采用预制安装，即挂篮施工、流水作业的方法，其重点是湿接头的施工。湿接头施工包括接头钢筋的焊接和混凝土的浇筑两个方面。接头钢筋焊接主要是桁架节点处钢筋保护层的凿除要慎重，即要露出钢筋便于焊接，更要注意不要凿的太深、太大，防止损伤杆件。混凝土的浇筑在于立模要规范，严防漏浆；拆模时要对湿接头混凝土及时进行整修和养生，确保接头混凝土强度达到设计标准。

(3) 桥面微弯板及铺装层裂缝、破碎的维修加固方法　因微弯板混凝土强度不足而产生的桥面铺装层裂缝、破碎，应撤换微弯板和铺装层；因桥面铺装层混凝土强度低而微弯板尚未损坏产生的桥面裂缝可撤换铺装层。为适应现今大交通量和重载交通需求，采用钢纤维钢筋混凝土加固桥面系的方法，简易、可靠，可大幅增强桥面系的整体抗裂能力，效果显著。设计时，桥面铺装层的布筋也要适当增加。

钢纤维混凝土的施工工序与普通混凝土基本一样，关键是钢纤维混凝土的拌和和摊铺时的振捣。拌和时应先干拌再加水湿拌，保证钢纤维在混合料中均匀分布；摊铺时应避免钢纤维聚集。

3. 刚架拱桥的养护维修

(1) 桥面板病害的养护维修　对底面开裂的肋腋板，可采用粘贴双向编织的纤维布或粘贴钢板，纤维的强度不必太高。

对加劲肋开裂的微弯板，采用垂直裂缝的单向碳纤维片形成 U 字形，粘贴于肋底比贴钢板方便，微弯板顶的纵向裂缝视宽度大小，采用灌缝和封闭处理。

结合桥面改造，增加现浇层的厚度及强度、加强现浇层内的配筋，以改善桥面板的受力状况。

(2) 内、外弦杆及实腹段病害的养护维修　对刚架拱外弦杆受弯构件的加固，如果弦杆不属于超筋梁，可采用在底面受拉区粘贴 U 形纤维片或粘贴钢板或增大截面高度和配筋，如果弦杆属于超筋梁，最好采用增大截面高度和配筋的方法，或在底面受拉区粘贴 U 形纤维片或粘贴钢板的同时，增加桥面现浇层厚度。

内弦杆为偏心受压构件，可采用与外弦杆相同的方法加固。

大、小节点两侧的斜裂缝，可在裂缝面粘贴钢板或纤维片加固，以承受主拉应力。增大弦杆截面高度，也能减小主拉应力。

对跨中实腹段的微弧形底面，可采用粘贴 U 形碳纤维片，以承受弯曲拉应力及径向撕拉力，或采用增大截面高度和增加配筋的方法。

对弦杆及实腹段其他部位的裂缝，可采用灌缝和封闭裂缝，如图 4-73 所示。

(3) 横向联系病害的养护维修　中断交通施工时，横隔板可采用混凝土加固，即在原横隔板的基础上，通过植筋加厚加高横隔板。

不能中断交通施工时，横隔板只有采用施工快速、简便的钢结构加固，如图 4-74 所示。在原混凝土横隔板的四个角，采用粘贴和螺栓固定四根角钢，再用两片钢桁架夹住原混凝土横隔板，施工时作好所有横隔板加固准备工作，并点焊固定位置后，临时中断交通，将各钢构件焊接完成后，再恢复交通。

(4) 主拱腿及斜撑病害的养护维修　对于斜撑根部的裂缝，可采用环形包裹粘贴纤维布，也可采用顶面粘贴钢板或碳纤维条，也可考虑增大截面加固。

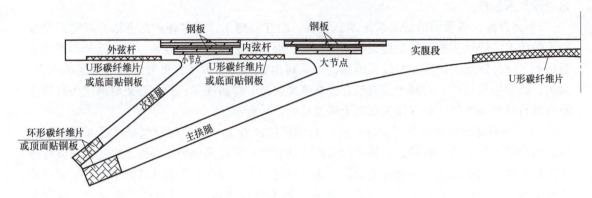

图 4-73　刚架拱片各部位加固图

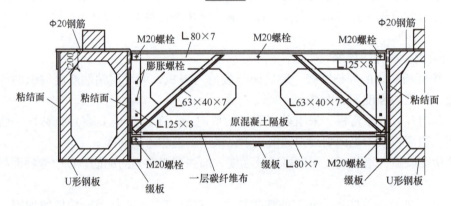

图 4-74　刚架拱横隔板加固图

商洛麻坪桥养护维修案例

一、案例背景资料

1. 工程概况

1970 年建成，三孔跨径 25m 双曲拱桥，主拱结构为：7 肋 6 波，2 道横隔板，7 道横系梁，重力式墩台，桥面净宽 7.0m + 2×1.0m，荷载等级为：汽-15，挂-80。

2. 病害情况

桥面严重损坏，排水不畅，主拱圈拱波有裂缝和渗水现象，裂缝最宽达 3.2mm。

根据检测结果，主拱圈及拱波有严重破损，永久变形超过了《公路钢筋混凝土及预应力混凝土桥涵设计规范》容许，其实际承载能力不能满足汽-15、挂-80，更不能满足目前实际运营荷载的要求。

二、案例分析要求

分析商洛麻坪桥各病害的发生原因，并给出病害的处理方法。

三、案例分析过程

1. 病害发生原因

1）桥面排水不畅是由于桥面铺装破损、桥面平整度差导致横坡不适，影响桥面排水，此外桥面清洁不及时导致灰尘和垃圾堵塞泄水管也是桥面排水不畅的原因。

2）其他病害的产生基本是由于70年代设计主拱圈断面偏小，仅35cm高、20cm宽，且钢筋含量很小，横向联系偏少，稳定性差，整体承载力低。

2. 病害的处理方法

1）对所有裂缝进行封闭处理。

2）本次加固以每孔上、下游的边肋与4#拱肋（中间一个肋）作为加固对象，采用外包混凝土加大拱肋断面的方法。并每孔增加5道横系梁，见示意图4-75和图4-76。

3）将桥面铺装挖除重铺。

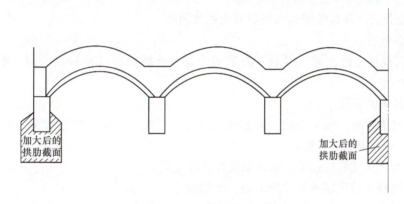

图4-75 加大拱肋截面示意图

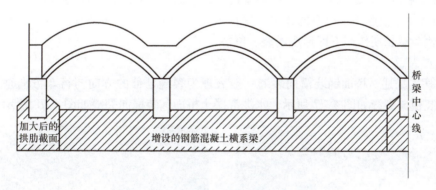

图4-76 增设钢筋混凝土横系梁示意图

本节总结

通过本节内容的学习，掌握拱桥上部结构病害的分析方法，能够提出拱桥上部结构的养护维修对策。本节案例以病害分析为主，由于拱桥的结构形式多样，上部结构病害类型也较多，要针对不同桥型和不同类型病害进行具体分析，弄清不同病害的发生机理，才能找出产生病害的真正原因，确保养护维修对策的合理性。

4.3 桥面系及附属设施养护与维修

知识学习

桥面系包括桥面铺装、伸缩缝、排水设施、栏杆等部分，不属于主要受力结构。它提供桥梁使用功能，其病害一般不影响桥梁结构安全，但会影响桥梁正常使用，必须要及时养护维修保持其使用功能。附属设施主要是支座，其为主要传力结构，起承上启下作用。

一、桥面系常见病害的分析与养护维修

（一）桥面铺装病害的分析与养护维修

桥面铺装分为沥青类铺装和水泥混凝土铺装两种。

1. 网裂、龟裂

（1）病害描述　桥面铺装网裂一般表现为相互连结的网（格）状裂缝，裂缝有多条，裂缝不长，形状杂乱。

（2）病害产生原因

1）沥青性能不好，油层老化，路面使用疲劳、衰减，反复多次的微裂，即会形成较大面积的网裂，严重时形成龟裂。

2）水泥混凝土铺装层强度不够，引起严重的龟裂。

3）水泥混凝土铺装层施工养护不当，干燥收缩。

4）施工时沥青混合料温度过高，沥青老化，失去黏性。

5）碾压未达到规定的密实度，空隙率过大，水损害引起沥青类铺装网裂。

6）防水粘结层起不了应有的作用。使得水泥混凝土铺装层和沥青铺装层之间有一层隔层，在车辆荷载长期作用下即形成网裂、龟裂。

2. 横向裂缝

（1）病害描述　桥面铺装横向裂缝一般表现为裂缝延伸的方向与行车方向垂直。沥青类桥面铺装横向裂缝如图 4-77 所示，水泥混凝土桥面铺装横向裂缝如图 4-78 所示。

图 4-77　沥青类桥面铺装横向裂缝

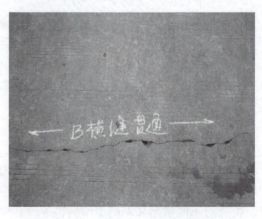

图 4-78　水泥混凝土桥面铺装横向裂缝

（2）病害产生原因　桥面铺装横向裂缝主要是温度应力裂缝，或上部结构受力裂缝的反射裂缝。

3. 纵向裂缝

（1）病害描述　纵向裂缝一般表现为裂缝延伸的方向与行车方向一致。沥青类桥面铺装纵向裂缝如图 4-79 所示，水泥混凝土桥面铺装纵向裂缝如图 4-80 所示。

图 4-79　沥青类桥面铺装纵向裂缝

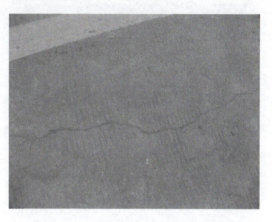

图 4-80　水泥混凝土桥面铺装纵向裂缝

（2）病害产生原因

1）水泥混凝土桥面铺装施工养护不当。

2）装配式简支梁横向接缝连接失效，导致横向整体性差而使桥面产生错动裂缝，如图 4-81。

4. 坑槽

（1）病害描述　坑槽一般表现为铺装层局部存在凹陷。沥青类桥面铺装坑槽如图 4-82 所示，水泥混凝土桥面铺装坑槽如图 4-83 所示。

图 4-81　装配式简支梁横向接缝连接
失效导致桥面铺装纵向裂缝

图 4-82　沥青类桥面铺装坑槽

（2）病害产生原因

1）沥青类桥梁铺装坑槽主要是由于沥青混凝土中的沥青与骨料的粘结力不够，水损害进一步引起沥青与骨料剥落，造成坑槽。

2）水泥混凝土铺装层材料质量分布不均，局部区域混凝土抗剪强度不够。

5. 露筋

（1）病害描述　露筋一般表现为水泥混凝土铺装层内的钢筋露出铺装层表面。水泥混凝土桥面铺装露筋如图 4-84 所示。

图 4-83　水泥混凝土桥面铺装坑槽

图 4-84　水泥混凝土桥面铺装露筋

（2）病害产生原因　露筋主要是铺装层的保护层厚度太薄，车辆轮胎反复磨损桥面导致。

6. 车辙

（1）病害描述　车辙一般表现为沥青混凝土铺装不平整，沿行车方向存在具有一定长度的凹槽，一般在车轮通过频率较高处出现。

（2）病害产生原因

1）沥青面层压实度不够，空隙率大，车辆行驶尤其是超重车的行驶造成车辙，在主车道发生较多。

2）沥青混凝土的热稳定性差（软化点低），沥青混合料级配不佳，沥青用量过多，在夏季高温，容易形成车辙，车辙深度均不深，一般不大于2cm。

3）沥青混凝土车辙形成后，容易形成积水，积水后形成动水压水，使路面容易发生其他病态。

7. 桥面铺装病害养护维修

1）桥面铺装的养护维修可采用凿补、黑色路面改建、全部凿除重铺桥面和凹凸不平的修补等方法。

2）桥面铺装有局部病害时，可将水泥混凝土铺装层的表面凿毛，深度以使骨料露出为准；用清水冲洗干净断面并充分润湿；涂刷同标号的水泥砂浆（或其他粘结材料）；最后在桥梁承载能力容许范围内，铺筑一层 4~5cm 厚的水泥混凝土铺装层。

3）如果桥面铺装局部损害，桥面平整度较差而主梁强度有一定富余时，可采用黑色路面对桥面进行改造。改造时可采用沥青表面处理或沥青细砂罩面。采用沥青细砂时，为了与旧面层更好的结合，应先涂刷沥青漆；加铺沥青混凝土时，厚度一般取 2~3cm。

4）桥面铺装病害严重时，可考虑全部凿除后重铺。重铺时有两种情况：

① 重新铺装沥青混凝土桥面。重新铺装沥青混凝土前应先凿除已损坏桥面，并对桥面进行检查，老桥面应平整、粗糙、干燥、整洁。桥面横坡应符合要求，不符合时应予处理。

铺筑前应洒布黏层沥青，石油沥青，洒布量为 $0.3 \sim 0.5 L/m^3$；沥青混凝土的配合比设计、铺筑、碾压等施工程序，应按现行《公路沥青路面施工技术规范》的有关规定进行。

② 重新铺筑水泥混凝土桥面。水泥混凝土桥面铺装的厚度应符合设计规定；铺装材料、铺装层结构、混凝土强度、防水层设置等均应符合相关的设计要求；桥面铺装工作必须在对原有桥梁横向连接钢板焊接工作完成之后才可进行，以免后焊的钢板引起桥面水泥混凝土在接缝处发生裂纹；浇筑桥面水泥混凝土前使原有桥面板表面粗糙并清洗干净，按设计要求铺设纵向接缝钢筋网或桥面钢筋网，然后浇筑。水泥混凝土桥面铺装应采取防滑措施，宜分两次进行，第二次抹平后，沿横线方向拉毛或采用机具压槽，拉毛和压槽深度应为 $1 \sim 2 mm$；重新铺装若设计为防水混凝土，施工时应按有关规定处理。

5) 当构件连接处不均匀沉陷时，桥面可能会凹凸不平，此时可在桥下以液压千斤顶顶升，调整构件连接处的标高，使顶面平齐。

（二）伸缩缝病害的分析与养护维修

1. 伸缩缝堵塞

（1）病害描述　伸缩缝堵塞一般表现为垃圾或砂石等杂物落入伸缩缝凹槽中，堵塞伸缩缝，影响其伸缩性能。伸缩缝堵塞如图 4-85 所示。

（2）病害产生原因　伸缩缝堵塞主要是桥面杂物堆积未清除，垃圾或砂石等杂物落入伸缩缝中。由于砂石等杂物的聚集，伸缩缝容易丧失自由涨缩的能力，在夏天气温升高时主梁不能自由伸长，就容易在相邻的主梁或主梁与桥台之间产生推力，严重的甚至发生主梁的顶起或桥台背墙的开裂。

2. 橡胶条损坏

（1）病害描述　橡胶条损坏一般表现为伸缩缝内橡胶条的开裂损害或翘曲。

（2）病害产生原因　伸缩缝橡胶条损坏是因为橡胶条老化、质量差，或施工安装不当，造成伸缩缝内橡胶条的开裂损害或翘曲。

3. 伸缩缝周边混凝土破损

（1）病害描述　伸缩缝周边混凝土破损一般表现为伸缩缝周边混凝土碎裂。伸缩缝周边混凝土破损如图 4-86 所示。

图 4-85　伸缩缝堵塞

图 4-86　伸缩缝周边混凝土破损

（2）病害产生原因　伸缩缝安装时两接边高差过大；由于桥台沉陷、安装误差、支座垫石碎裂等原因导致桥梁一侧比路面一侧偏低，形成桥头跳车。桥头跳车引起较大的冲击荷载直接作用在伸缩缝附近，造成伸缩缝周边混凝土破损。

4. 伸缩缝病害养护维修

1) 伸缩缝应注意日常保养，及时清除碎石、泥土等杂物，拧紧螺栓，必要时可加油保护；若有损坏或功能失效需要修理或更换时，应先查明破损原因，依据缺陷程度确定是进行部分修补、部分更换还是全部更换。

2) 当U形锌铁皮伸缩缝的锌铁皮老化、开裂、断裂时，应拆除并更换为新型伸缩缝；当其软性填料老化脱落时，先清除其缝隙泥土，重新注入新的填缝料；当其铺装层破坏时，应凿除重新铺筑，凿除破损部位应画线切割（或竖凿），清除旧料后再浇筑新面层。

3) 当钢板伸缩缝的钢板变形、螺栓脱落、不能正常运行时应及时拆除并更换为新型伸缩缝；当钢板与角钢焊接破裂时，应消除污垢后重新焊牢；当梳齿断裂或出现裂缝后，也要采取焊接方法进行修补。

4) 橡胶伸缩缝当其橡胶老化、脱落，角钢变形、松动时，应拆除并更换为新型伸缩缝。

5) 桥面伸缩缝的维修、更换应在保证质量的基础上，尽量缩短工期、减少对交通的影响。可采取的措施有：全天维修并限制车辆通行，半边施工，半边通行车辆；白天不限制交通，在伸缩缝上设置跨缝盖板；夜间禁止通车进行施工。

（三）排水设施病害的分析与养护维修

1. 泄水管堵塞

泄水管堵塞产生原因为桥面垃圾积累未清除，杂物堆塞泄水管，引起排水不畅或堵死泄水管管口等。泄水管堵塞如图4-87所示。

2. 泄水管脱落

泄水管脱落产生原因为泄水管管体因接头连接不牢而脱落。

3. 排水管破损

排水管破损主要是PC管老化或接头脱落导致。排水管破损如图4-88所示。

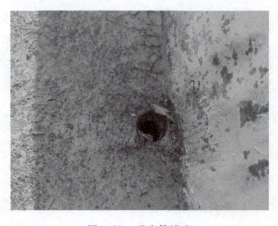

图4-87　泄水管堵塞

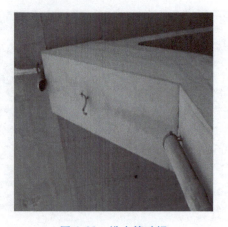

图4-88　排水管破损

4. 排水设施病害养护维修

1）桥梁桥面的排水设施应及时地清理、疏通，以养防修。

2）及时安装松动接头或已脱落的泄水管，损坏严重时更换新管。

3）应及时修理已破裂的引水槽，长度不足的及时接长，必要时重新修筑。

4）城市桥梁、立交桥上设置的封闭式排水系统，应定期检查其排水管是否畅通，是否开裂或损坏；系统设施如抽水泵等是否工作正常，应及时疏通、维修或更换。

（四）栏杆、防撞护栏病害的分析与养护维修

1. 钢筋锈蚀

栏杆、防撞护栏钢筋锈蚀产生原因为保护层太薄。栏杆与扶手钢筋锈蚀如图 4-89、防撞护栏钢筋锈蚀如图 4-90 所示。

图 4-89　栏杆与扶手钢筋锈蚀

图 4-90　防撞护栏钢筋锈蚀

2. 栏杆损坏

栏杆扶手断裂、脱落如图 4-91 所示。栏杆损坏原因如下：

1）交通事故所致或车辆超宽运输不慎碰撞所致。

2）施工或安装质量差导致扶手断裂或脱落。

3）缺乏养护管理或遭窃造成栏杆缺损。

3. 裂缝

栏杆和防撞护栏裂缝产生的主要原因如下：

1）钢筋混凝土栏杆长期外露，混凝土表面因水分浸入引起钢筋锈胀使构件产生裂缝。

2）栏杆混凝土保护层因损坏、剥离、脱落等引起开裂。

3）施工不当，或断缝设置不合理，或防裂钢筋配筋不足造成防撞护栏开裂。防撞护栏裂缝如图 4-92 所示。

4. 栏杆病害的养护维修

1）应使桥梁栏杆经常保持完好状态，及时清洁、保养，以养防修。

2）桥梁栏杆若有缺损，应及时补齐；若已损坏、缺失，应重新安装。

3）桥梁栏杆柱应竖立正直，若不正、直，应及时纠偏。

4）伸缩缝处的水平栏杆可以自由伸缩，若不能移动应及时维修或更换。

图4-91 栏杆扶手断裂、脱落

图4-92 防撞护栏裂缝

5)钢筋混凝土栏杆若出现裂缝或剥落,可以用环氧树脂粘结材料灌注封缝修补。

6)金属栏杆应经常清刷除锈,刷漆养护(一般一年一次),防止油漆麻点、脱皮等病害。

7)桥梁两端导向柱、防撞墙油漆应始终保持鲜明,不清晰的应重新刷漆。

二、支座病害的分析与养护维修

1. 支座脱空

(1)病害描述 支座脱空一般表现为个别支座表面脱离板底,造成个别支座不受力。支座脱空后,在梁板自重和外荷载作用下,使梁板受力状态与设计时的受力状态发生较大改变,垂直力与水平力不再是由四个支座平均分配,而是由三个或两个支座承担,特别是铰缝破坏后的单片梁受力时,支座的压应力将大大提高,以致超过支座的容许压应力。

(2)病害原因

1)墩台顶支座垫石标高控制不当。

2)梁体预制时梁端三角楔形块不平,尤其是斜交板梁较难控制。

3)垫石强度过低,受压后垫石破碎,引起脱空。

4)支座安装温度选择不当,安装时气温过高或过低,后期梁体伸缩过大导致支座出现难以恢复的纵向一侧较明显的半脱空。

2. 支座偏位

(1)病害描述 支座偏位是目前支座安装上存在最普遍的问题,分为纵向偏位和横向偏位,严重的支座偏位将造成支座不均匀受力、梁体附加内力过大等病害。

(2)病害原因 支座偏位产生的原因主要是支座或垫石放样不准,应该在支座安装时进行校核,如垫石位置有较小偏差,可采用环氧砂浆进行调整,如偏差过大,应重新浇筑垫石。

3. 支座变形过大

(1)病害描述 支座变形是指压缩变形和剪切变形,变形过大有支座本身质量和安装质量两方面原因。支座本身质量问题是指支座抗压弹模或抗剪弹模不符合质量要求,与支座生产质量有关。抗压弹性模量大小主要影响支座在各级荷载下的竖向变形,而各种结构对竖向变形的适应性不同,过大的竖向变形可能对连续梁等上部构造产生极为不利的附加内力,有时与下部构造的竖向位移叠加后总位移可能超出设计控制范围，导致结构的破坏。支座安装时也会引起支座初始变形过大，从耐久性来说是不好的，剪切变形越大越不好，长时间过大变形将加速橡胶老化，会降低支座使用寿命。

（2）病害原因　支座变形产生原因主要有：

1）由于同一梁体有的支座完全脱空导致个别支座受力过大而引起初始变形过大。

2）安装温度过高、过低，随环境温度变化、混凝土胀缩、徐变和汽车制动力的作用引起过大剪切变形。

3）桥梁纵坡设计过大导致纵向剪切变形过大。

4. 支座破裂和侧面波纹状凹凸

（1）病害描述　板式橡胶支座承压后出现橡胶板破裂和侧面波纹状凹凸现象。如图 4-93 所示。这种现象若表现为板式橡胶支座四周侧面的波纹状凸凹形状和幅度基本一致则可视为正常现象，但若这种波纹状凸凹形状和幅度不一致则为异常现象，应视为病害。

图 4-93　板式橡胶支座侧面波纹状凹凸

（2）病害原因　当板式橡胶支座受到垂直荷载的时候，在橡胶层厚度不同的支座上，其橡胶层处会出现明显或不明显的弧形突凸、钢板处会出现弧形凹槽状，因此形成了板式橡胶支座的侧面波纹状凸凹现象。板式橡胶支座的侧面波纹状凸凹异常现象的产生基本上由两种因素造成。一是梁体偏压板式橡胶支座，也就是说在梁体的作用下，板式橡胶支座的受力点未在中心。该现象轻者表现在同块板式橡胶支座上波纹状凸凹现象不一致，重者造成板式橡胶支座单边脱空。二是梁底预埋钢板不平，其表面是由于焊接钢筋引起的钢板弯曲变形。

5. 四氟滑板支座病害

（1）病害描述

1）由于标高控制不严而产生的支座偏压局部脱空。

2）支座安装时四氟滑板表面未清洗，在安装时储油槽内未注入硅脂油，表面有砂粒等杂物，更有甚者四氟滑板表面粘结有混凝土残渣，使得表面滑动系数不符合要求而产生过大的剪切变形，加剧对支座橡胶层的破坏，降低支座使用寿命影响。此外，还增加对梁体的约束，对结构受力产生不利影响。

3）接触条件不符合要求。

4）四氟滑板支座倒置，不符合规范要求。

5）设置位置选择不当。

（2）病害原因　该类支座病害也由支座本身质量和安装质量两种原因引起。从调查检测来看，具体病害原因较多，但主要原因有：支座本身质量问题表现最多的是四氟滑板与橡胶层的脱离，四氟滑板表面不平整，这可能与支座胶量和加工工艺有关。

6. 盆式支座病害

（1）病害描述　较为常见的是部件之间的配合公差过大，影响支座耐久性和功能发挥。

（2）病害原因　由于目前一般检测机构缺乏盆式支座力学指标的检测能力，而且由于价格较昂贵,很少进行支座分解检测,支座内在质量上仍缺乏有效监控手段。在实际中只能对支座外观进行检查,支座本身质量往往存在问题。

7. 支座病害的养护维修

(1) 更换处理　这是一种解决病害较彻底的办法,对由于支座引起的问题可较好解决。支座更换通常需要顶梁,工程量较大,有时受施工空间、结构等条件限制,很难实行。一般有几种方法:

1) 设置临时承重结构作为平台。
2) 利用原有墩台作为基础加设支撑作为平台。
3) 利用超薄千斤顶。
4) 利用相邻跨作为支撑在桥面起吊提梁。
5) 加垫钢板处理。

这是目前桥梁养护和施工过程中解决支座问题最常用的方法。

(2) 灌浆处理　对于脱空病害,可采用灌注环氧砂浆等进行填充密实,提高支座受力的均匀性。近年来,也有用特殊的高强度专用灌注胶进行脱空支座的修补,但耐久性和腐蚀性还有待验证。

灌浆处理示意图如图 4-94、图 4-95 所示。

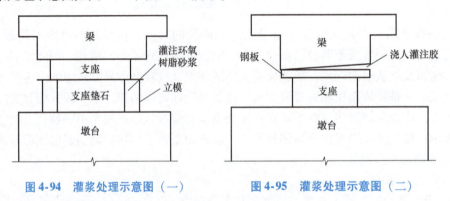

图 4-94　灌浆处理示意图(一)　　　图 4-95　灌浆处理示意图(二)

(3) 增加支座处理　对于桥梁个别支座出现严重质量问题,但又难以实施更换时,可以考虑与上述方法结合,在原支座边增设所需规格支座,改善梁体和原支座的受力性能。

京津桥桥面系养护维修案例

一、案例背景资料

1. 工程概况

京津桥旧桥建于 1950 年 8 月,桥长为 100.2m,跨径为 4×8.4m+3×11m+4×8.4m,宽 12.6m,其中车行道宽 9m,人行道两侧各 1.5m,栏杆每侧 0.3m。旧桥的设计荷载为汽-18,挂-80。旧桥上部结构边孔为带悬臂梁的 3×8.4m 现浇连续 T 梁,中孔为双悬臂的现浇简支 T 梁。下部结构为重力式墩台。基础为群桩,桩长 7~9m。

新桥建于 1998 年 6 月。旧桥 9m 车行道作为扩建后的京津桥的双车道机动车道。新桥分上下行两座，桥宽均为12.9m。0.2m（护轮带）+3.5m（车行道）+0.45m（分割带）+6m（慢车道）+2.75m（人行道及栏杆）。为了防止新旧桥的不均匀沉降，新旧桥间有0.05m宽的缝隙。新桥共7跨，2×16.8m+3×11m+2×16.8m，新桥总长为101.1m。11m跨采用普通混凝土空心板，16.8m跨采用先张预应力混凝土空心板。新桥全桥共计预应力空心板梁88块，普通空心板梁66块。新桥设计荷载汽-20，挂-100。经验算，旧桥通过新桥的设计荷载。新桥老桥的平面图如图4-96所示、新桥老桥的半立面图如图4-97所示、新桥老桥的半断面图如图4-98所示。

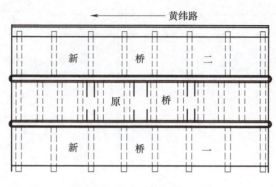

图4-96 新桥老桥的平面图

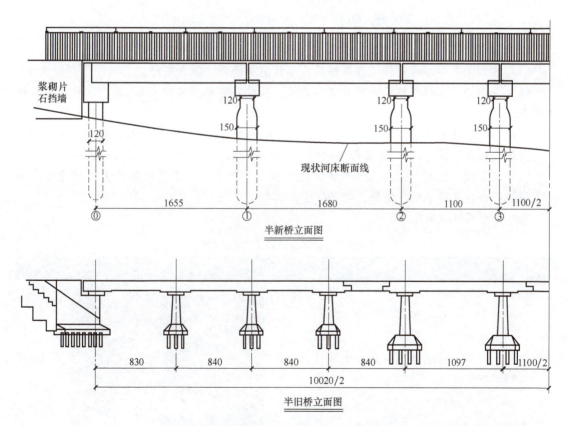

图4-97 新桥老桥的半立面图（尺寸单位：cm）

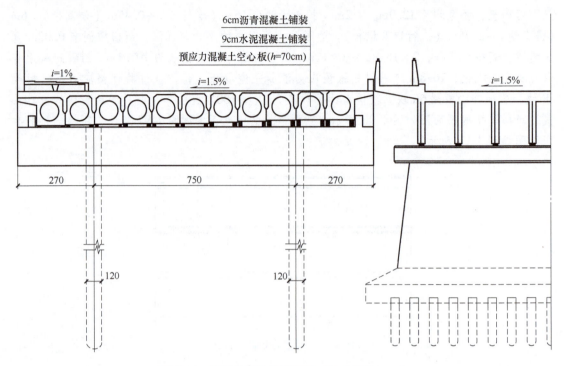

图 4-98 新桥老桥的半断面图（尺寸单位：cm）

2. 病害情况

（1）桥面铺装　本桥的桥面铺装除桥头搭板有裂缝外，其余完好。

（2）伸缩缝　本桥旧桥设计中只有连续缝，新桥只有桥台部位有 80 缝。本桥伸缩缝损坏严重。

旧桥的桥头跳车严重，不均匀沉降较大。挂梁处连续缝全部破损严重，中跨挂梁两端连续缝用改性沥青维持。新桥 80 缝轻度破损，连续缝开裂。

（3）人行道、栏杆　该桥人行道伸缩缝处损坏较严重；每条连续缝处人行道有通长的横向裂缝；栏杆在每条连续缝部位均有裂纹。

表 4-2 为部分病害照片。

表 4-2　桥面系病害照片汇总表

编号	具体描述	图　片
1	新桥桥头伸缩缝部分混凝土破碎、杂物填充伸缩缝	

（续）

编号	具体描述	图片
2	新桥连续缝开裂	
3	开裂延伸到防撞墙	
4	旧桥桥头跳车严重	
5	旧桥挂梁两端连续缝开裂、空洞，用改性沥青维持	

（续）

编号	具体描述	图 片
6	人行道部分伸缩缝漏水，造成下部支座潮湿	
7	人行道在连续缝处产生裂缝	
8	栏杆在连续缝处产生裂缝	
9	新桥—第二跨距左端 2m 处地袱混凝土脱落	

二、案例分析要求

分析该桥桥面系病害的发生原因，并给出病害的处理方法。

三、案例分析过程

1. 病害发生原因

1）新桥桥头伸缩缝部分混凝土破碎主要是桥头跳车车辆反复行驶振动导致伸缩缝部分混凝土破碎。

2）新桥连续缝处开裂，开裂延伸到防撞墙、栏杆、人行道，在连续缝处产生裂缝。

新桥连续缝处开裂，主要原因是桥面连续设置不当，连续缝处配筋不足，梁收缩变形导致连续缝开裂；桥面连续对应防撞墙、人行道和人行道位置未设置伸缩缝，而且在负弯矩作用下，重车过桥不减速，桥面震动过大造成的。

3）旧桥桥头跳车严重。由于桥头未设置搭板，导致桥梁和桥头路基沉降不一致，从而产生桥头跳车。

4）旧桥挂梁两端连续缝开裂、空洞，用改性沥青填补后又开裂，开裂原因与新桥连续缝开裂原因相同。

5）新桥第二跨距左端 2m 处地袱混凝土脱落。混凝土脱落可能是模板没有清洁干净，没有上脱模剂，这只是表观问题，进行表面粉刷即可；也可能是拆模太早，混凝土强度不足，就必须凿除重新浇筑。

2. 病害的处理方法

（1）旧桥连续缝维修改造　对旧桥进行连续缝改造，中挂梁一头改为 TS-80 伸缩缝带引水槽。

（2）伸缩缝改造　新桥面的连续缝钢筋采用《公路钢筋混凝土及预应力混凝土桥涵设计规范》的钢筋，且采用高标号的钢纤维混凝土。伸缩缝采用 TS-80 伸缩缝带引水槽。

（3）对混凝土破碎、裂缝部分进行处理　混凝土破碎部分凿除重新浇筑，所有裂缝均用灌缝胶灌封。

本节总结

通过本节内容的学习，掌握桥面系各部件和支座的病害发生原因，能够给出桥面系和支座的合理养护维修对策。本节案例以桥面系和支座病害分析为主，由于桥面系部件较多，各部件的功能和受力特点不同，要针对每种部件的特点具体分析，给出合理的养护方案。

本模块小结

本模块主要学习了梁桥和拱桥上部结构、桥面系各种病害的表象、发生原因和养护维修方法。桥梁上部结构形式多样，每种桥型的结构组成和受力特点均有明显差异，要能正确分析病害，就必须熟悉各种桥型的特点和常见病害的发生原因。此外，同一种桥型的病害种类较多，需要根据病害机理加以区分。

自我测评

一、单项选择题

1. 桥面补强加固法是指在原有混凝土或钢筋混凝土桥面板上，加铺混凝土或钢筋混凝土补强层，以加高原有梁板的有效高度，提高梁板的（　　）能力的加固方法。

   A. 抗压　　　　　B. 抗弯　　　　　C. 抗拉　　　　　D. 抗剪

2. 伸缩缝周边混凝土碎裂的原因是（　　）。

   A. 车辆冲击荷载作用　　　　　　B. 车辆静荷载作用

   C. 混凝土干缩　　　　　　　　　D. 混凝土水化热开裂

二、多项选择题

1. 以下（　　）可引起行车跳动、颠簸的现象称为桥头跳车。

   A. 桥梁或路面衔接处沉降不均

   B. 交接段引道纵坡与桥面纵坡不一、衔接不顺

   C. 桥梁端与桥台之间的伸缩缝不平整

   D. 车辆的自身故障

2. 桥梁上部结构非荷载型裂缝包括（　　）。

   A. 收缩裂缝　　B. 沉落裂缝　　C. 钢筋锈蚀裂缝　　D. 骨料膨胀裂缝

3. 下列属于桥梁收缩裂缝的有（　　）。

   A. 温度收缩裂缝　B. 干燥收缩裂缝　C. 化学收缩裂缝　D. 碳化收缩裂缝

4. 下列属于桥梁骨料膨胀裂缝的原因有（　　）。

   A. 混凝土碱集料反应　　　　　　B. 水泥体积安定性不良

   C. 骨料吸水膨胀　　　　　　　　D. 混凝土内外温度不均

5. 下列属于桥梁骨料膨胀裂缝现象的有（　　）。

   A. 石子周围有白色反应环　　　　B. 姜黄色石子

   C. 白色粉末石子　　　　　　　　D. 黑色石子

6. 桥梁混凝土裂缝手摸表面不平，可能是（　　）。

   A. 钢筋锈蚀裂缝　B. 干缩裂缝　C. 骨料膨胀裂缝　D. 弯曲裂缝

三、问答题

装配式先张预应力混凝土简支空心板桥，沿桥纵向桥面铺装出现等距开裂现象，且铺装修复后一段时间内病害再次出现，试分析病害产生原因和处置对策。

桥梁上部结构养护与维修实训

一、已知条件

1. 工程概况

武汉—黄石高速是一条双向四车道的高速公路，自武汉市关山一路南环铁路桥至黄石市黄石长江大桥，全长 70.3km，其中大桥 2 座，中桥 4 座，小桥 42 座，分别占桥梁总数的 4.17%，8.33%，87.50%，全线桥梁多以实心板梁、空心板梁以及 T 梁居多。经过 10 余年

的运营，80%以上已经出现不同程度的病害。

2. 桥梁结构形式及主要病害（表4-3）

表4-3 桥梁结构形式及主要病害

桥梁桩号	跨径	上部结构	下部结构	病害描述	备 注
K9+295	1-10m	10m现浇简支R.C斜空心板梁（桥宽12m）	重力式桥台扩大基础	1. 桥面铺装破碎 2. 跨中板底横向裂缝发育 3. 板底纵向偏钝角的裂缝发育，裂缝宽度0.3mm以上	结构承载力、结构刚度基本能满足目前的运营要求，但安全储备有限。车辆超速行驶较多，台后填土沉降，桥面不平整
K10+826	1-13m	13m预制装配式简支R.C空心板梁	重力式桥台扩大基础	1. 桥面铺装破碎，有坑槽，每幅均有两条纵向通长裂缝 2. 伸缩缝橡胶条全部脱落，渗水严重 3. 板间无湿接缝，有些板挠度过大	结构承载力、结构刚度能满足设计要求，但安全储备有限。车辆超速行驶较多，桥面横坡不当，铰缝混凝土破碎失效，防震锚栓锈蚀
K12+923	2-16m	16m预制装配式简支R.C空心板梁	重力式墩台扩大基础	1. 桥台伸缩缝附近主梁底板主筋锈蚀外露 2. 主梁板底蜂窝严重 3. 黄石幅边梁挠度过大，约下挠7~8cm	结构承载力及刚度能满足目前的运营要求，但安全储备不足。板间湿接缝灌注不实，主梁封头板损坏；桥台基础不均匀沉降，桥台附近伸缩缝损坏；防震锚栓锈蚀
K13+033	1-16m	预制装配式简支R.C T梁桥（横隔梁连接均采用钢板焊接）	重力式桥台扩大基础	1. 主梁跨中区域的梁底横向裂缝及腹板竖向裂缝，裂缝宽度约0.4mm 2. 支座附近的腹板斜裂缝，裂缝宽度约0.1mm 3. 桥面铺装纵向裂缝较多 4. 腹板中部有中间宽两端尖的裂缝，裂缝宽度约0.1mm	结构承载力、结构刚度以及动刚度基本能满足目前的运营要求，但安全储备不足。大部分钢板已锈蚀甚至脱落，桥台附近伸缩缝损坏
K14+628	3-40m	现浇R.C连续箱梁桥	钻孔灌注桩基础双柱式桥墩，U形重力式桥台扩大基础	1. 箱梁底纵向主筋附近沿着主筋延伸方向，出现水平纵向裂缝，裂缝宽度约1mm 2. 梁底出现以一点为中心的放射状裂缝，凿开混凝土保护层，集料周围有白色反应环 3. 墩顶箱梁顶板水平横向裂缝及腹板竖向裂缝，裂缝宽度约0.5mm	结构承载力及刚度能满足目前的运营要求，但安全储备不足。桥面排水的泄水管太短，未能伸出梁底
K15+858	3-30m	预制装配式P.C简支箱梁桥	钻孔灌注桩基础双柱式桥墩	1. 箱梁腹板侧面沿着箍筋延伸方向出现竖向裂缝，裂缝宽度约2mm 2. 轻敲箱梁底有空洞声，凿开混凝土保护层，多处集料呈现姜黄色	结构承载力及刚度能满足目前的运营要求。墩帽在支座垫石下布置的钢筋较少

二、任务要求

任务分工

分组	任 务
第一小组	K9+295 处 1 跨 10m 现浇简支 R.C 斜空心板梁
第二小组	K10+826 处 1 跨 13m 预制装配式简支 R.C 空心板梁
第三小组	K12+923 处 2 跨 16m 预制装配式简支 R.C 空心板梁
第四小组	K13+033 处 1 跨 16m 预制装配式简支 R.C T 梁桥
第五小组	K14+628 处 3 跨 40m 现浇 R.C 连续箱梁桥
第六小组	K15+858 处 3 跨 30m 预制装配式 P.C 简支箱梁桥

各小组按以上任务分工完成以下内容：

1）诊断所遇各种病害的发生原因，并给出各种病害的处理方法。
2）若有桥梁承载力不足的情况，针对其特点给出初步加固方案。

三、学习参考资料

《公路养护技术规范》（JTG H10—2009）、《公路桥涵养护规范》（JTG H11—2004）、《城市桥梁养护技术规范》（CJJ 99—2017）。

启示园地

桥梁上部结构养护与维修

桥梁养护与维修的工作对象是旧桥，旧桥的桥型多种多样，比如双曲拱桥、桁架拱桥等，这些旧桥有些已经使用 60 多年了，早已超过了设计年限，但它们仍然在发挥作用，既承担了交通重担，又是城市的风景，有的还记载着城市文化的发展。我国数量众多的各类桥梁，桥型都是我国自行研发和设计的，这些桥型优美、承载力较强的桥梁一直沿用至今，这些都是中华民族勤劳和智慧的结晶，同时也是我们桥梁工程师的传承。

模块五

桥梁下部结构养护与维修

 学习目标

通过本模块的学习，掌握桥梁下部结构病害的类型和处治措施。能分析桥梁下部结构常见病害的原因，能制订桥梁下部结构的初步养护维修方案。培养施工质量意识，培养技术创新意识，培养科学素养和探究精神，培养严谨的科学态度，培养自主学习、与人合作的协作精神。

 内容概要

本模块主要介绍混凝土桥墩、桥台和基础的养护维修问题。本模块的主要内容包括混凝土桥梁墩台和基础的常见病害分析、养护维修与加固等。

 先导案例

蓝田西河桥下部结构病害分析与养护维修案例

一、案例背景资料

1. 工程概况

蓝田西河桥为14孔钢筋混凝土T形梁桥，1975年建成通车，宽9m，每孔由四片T形梁组成，下部为独柱式桥墩，设计荷载：汽-15，挂-80。2001年检测荷载试验表明，实际承载能力不能满足原设计标准，处于危险状态。

2. 病害情况

盖梁悬臂端根部附近出现竖向裂缝，两边对称。

二、案例分析要求

分析蓝田西河桥桥墩病害的发生原因，并给出各种病害的处理方法。

三、案例分析要点

本案例考核桥梁病害分析和治理的有关问题，主要涉及桥梁下部结构的各种病害原因及处理措施等问题。要求根据《公路养护技术规范》（JTG H10—2009）和《公路桥涵养护规范》（JTG H11—2004）的要求，正确分析本工程桥梁下部结构病害发生的原因并制订针对性的养护维修方案。因此，在案例分析时，要根据本案例背景给定的条件，分析病害发生的原因，并针对性地提出养护维修对策。

四、案例分析过程

盖梁悬臂端根部附近出现竖向裂缝,两边对称。

病害原因:这种竖向裂缝主要是独柱墩盖梁悬臂跨度较大,悬臂根部负弯矩过大,导致产生由上至下的竖向裂缝。

病害处理:盖梁设置水平横向体外预应力,提高悬臂抗弯能力,如图5-1所示。

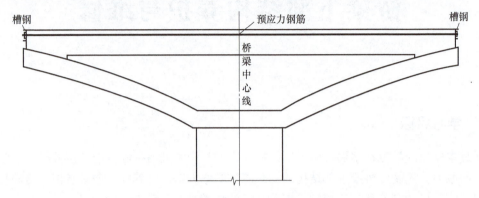

图 5-1　蓝田西河桥盖梁加固示意图

5.1 桥梁墩台常见病害原因分析与养护维修

一、桥梁墩台病害分析

钢筋混凝土桥墩的检查要点包括:盖梁是否存在裂缝、露筋以及挡块是否被损坏;立柱是否存在龟裂、竖向裂缝、横向裂缝、露筋;立柱是否被船只撞击。

钢筋混凝土桥台的检查要点包括:台帽是否存在裂缝、混凝土脱落;台身是否存在纵横向裂缝、露筋;侧墙是否存在裂缝或开裂;挡块是否损坏。

1. 桥墩盖梁裂缝

(1)病害描述　桥墩盖梁裂缝一般位于立柱顶端,裂缝从上向下延伸;也可能位于跨中,裂缝从下向上延伸,如图5-2所示。

(2)病害原因　该类裂缝为荷载型裂缝。立柱顶端盖梁裂缝主要原因是荷载作用引起盖梁悬臂根部负弯矩过大,从而产生开裂。盖梁跨中裂缝主要原因是荷载作用引起盖梁跨中正弯矩过大,从而产生开裂。

2. 桥墩盖梁露筋锈蚀

(1)病害描述　桥墩盖梁钢筋裸露锈蚀,如图5-3、图5-4所示。

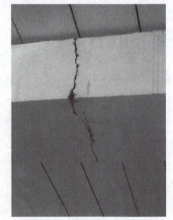

图 5-2　盖梁裂缝

图 5-3　盖梁钢筋裸露锈蚀（一）　　　图 5-4　盖梁钢筋裸露锈蚀（二）

（2）病害原因　其产生原因为混凝土保护层偏薄。

3. 桥墩立柱龟裂

（1）病害描述　桥墩立柱表面出现龟裂，一般位于立柱水面以上部分的向阳面，如图 5-5 所示。

（2）病害原因　其主要是施工养护时洒水不足或太阳长时间照射引起。

4. 桥墩立柱竖向裂缝

（1）病害描述　桥墩立柱表面竖向裂缝，如图 5-6 所示。

图 5-5　桥墩立柱龟裂　　　　　　　图 5-6　桥墩立柱竖向裂缝

（2）病害原因　其产生原因是混凝土收缩过大，或箍筋配箍率不足。

5. 桥墩立柱露筋

（1）病害描述　桥墩立柱钢筋裸露，如图 5-7 所示。

（2）病害原因　其产生原因是混凝土保护层薄，内部钢筋锈胀。

6. 桥墩立柱被船擦伤

（1）病害描述　桥墩立柱表面水泥浆被船碰擦剥落，如图 5-8 所示。

（2）病害原因　其原因为桥梁通航净宽不足。

7. 桥台台身竖向裂缝

（1）病害描述　桥台肋板、前墙或侧墙出现竖向裂缝。

（2）病害原因　其产生原因一般是混凝土收缩。

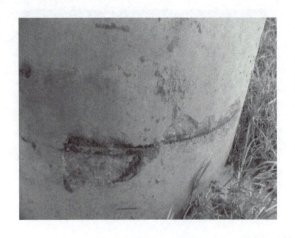

图 5-7 桥墩立柱露筋

图 5-8 桥墩立柱被船擦伤

8. 桥台台身露筋

（1）病害描述　桥台肋板、前墙或侧墙钢筋裸露，如图 5-9 所示。

（2）病害原因　其产生原因为混凝土保护层偏薄。

9. 桥台翼墙开裂

（1）病害描述　八字形桥台两侧翼墙开裂，如图 5-10 所示。

（2）病害原因　其产生原因是台后沉降或翼墙配筋不足。

图 5-9 台身露筋

10. 桥台台帽挡块开裂

（1）病害描述　桥台台帽两端防震挡块根部开裂，如图 5-11 所示。

图 5-10 桥台翼墙开裂

图 5-11 台帽挡块开裂

（2）病害原因　其产生原因是温度作用或防震锚栓损坏导致梁体横移。

11. 桥台翼墙与前墙之间断裂

（1）病害描述　八字形桥台两侧翼墙与前墙的连接处断裂。

（2）病害原因　往往是由于墙间填土不良、冻胀或地基承载力不足，引起不均匀下沉或外倾而开裂。

12. 墩台身的水平裂缝

（1）病害描述　墩台身水平方向裂缝。

（2）病害原因　此种裂缝多为混凝土浇筑接缝不良所致。

13. 由支承垫石裂缝

（1）病害描述　由支承垫石从下向上发展的裂缝。

（2）病害原因　主要是由于墩台帽在支承垫石下未布置钢筋所致。

14. 墩台帽顶面水平裂缝

（1）病害描述　此裂缝发生在顶帽上平面，顺桥轴线横贯顶帽或沿支撑垫石呈放射状。

（2）病害原因　主要是由于局部裂缝所致。

15. 从基础向上发展至墩台身的裂缝

（1）病害描述　裂缝从基础开始向上发展至墩台身，严重的贯穿整个墩台身。

（2）病害原因　其产生原因是基础的土层松软或沉陷不均。

二、桥梁墩台的养护维修与加固

1. 桥梁墩台的养护维修

1）保持墩台表面整洁，及时清除墩台表面的青苔、杂草、灌木和污秽。

2）对发生灰缝脱落的圬工砌体，应清除缝内杂物，重新用水泥砂浆勾缝。

3）墩、台身圬工砌体表面风化剥落或损坏时，损坏深度在 3m 以内的，可用水泥砂浆抹面修补，砂浆强度等级一般不应低于 M5。当损坏面积较大且深度超过 3cm 时，不得用砂浆修补，而须采用挂网喷浆或浇筑混凝土的方法加固。

4）圬工砌体镶面部分严重风化和损坏时，应用石料或混凝土预制块补砌、更换，新旧部分要结合牢固，色泽质地应与原砌体基本一致。

5）墩台身圬工砌体的砌块如出现裂缝，应拆除后重新砌筑。

6）墩、台表面发生侵蚀剥落、蜂窝麻面、裂缝、露筋等病害时，应采用水泥砂浆修补。因受行车震动影响，不易用水泥砂浆补牢的，应考虑采用环氧树脂或其他聚合物混凝土进行修补。

7）对设置的防撞、导航、警示等附属设施应经常检查、维护、保持良好状态。

2. 桥梁墩台的加固

1）由于活动支座失灵而造成墩台拉裂，应修复或更换支座，并按上述方法修补裂缝。

2）墩台身发生纵向贯通裂缝时，可采用钢筋混凝土围带、粘贴钢板箍或加大墩台截面的方法进行加固。

3）因基础不均匀下沉引起墩、台自下而上的裂缝时，应先加固基础，再采用灌缝或加箍的方法进行加固。

4）U 形桥台的翼墙外倾时，可在横向钻孔加设钢拉杆，固定在翼墙外壁或钢筋混凝土梁柱上。

5）当墩台损坏严重，如出现大面积开裂、破损、风化、剥落时，一般用钢筋混凝土套箍加固。对结构基本完好，但承载能力不足的圆柱形墩柱可用包裹碳纤维片材的方法加固。

6）钢筋混凝土墩台出现缺损，而墩台身处于常水位以下时，可根据不同情况采用围堰抽水或水下作业的方法进行修补。

3. 桥台滑移、倾斜的加固

桥台发生滑移和倾斜时，应分析原因，根据不同情况采用下列加固方法。

1）梁式桥或陡拱因台背土压力过大，造成桥台向桥孔方向位移，可采取下列方法进行加固：

① 挖除台背填土，改用轻质材料回填减轻台后土压力，以使桥台稳定。拱桥在换填材料时，应维持与拱推力的平衡，如在桥孔设临时拉杆或在后台设临时支撑。

② 挖去台背填土，加厚台身。

③ 对于单跨的小跨径梁式桥，可在两桥台基础之间增设钢筋混凝土支撑梁或浆砌片石支撑板，支撑顶面应不高于河床，埋置式桥台可采用挡墙、支撑杆或挡块等进行加固。

2）拱桥桥台产生向台后方向位移，可根据不同情况采用下列加固方法。

① 在 U 形桥台两侧加厚翼墙，使其与原桥台牢固结合，增大桥台断面和自重以抵抗水平位移，若为一字形桥台，可增设翼墙变为 U 形桥台。

② 当桥台的位移尚未稳定时，可在台后增设小跨引桥和摩擦板，以制止桥台继续位移。

③ 当桥下净空许可时，可在墩台之间设置拉杆承受推力，限制水平位移。对于多孔拱桥要注意各孔之间的推力平衡。

3）拱桥在加固墩、台时，必须保持推力平衡，注意安全。

案例分析

樟坑大桥桥台养护维修案例

一、案例背景资料

1. 工程概况

樟坑大桥是江西省赣粤高速公路南昌至樟树段的一座大桥。上部构造为标准跨径 20m 的预应力混凝土空心板，全桥共十跨，每五孔一联，设三道伸缩缝。半幅下部构造为：双柱式墩、肋形桥台，该肋式桥台半幅构造图如图 5-12 所示，均为钻孔灌注桩基础。

2. 病害情况

樟坑大桥在通车后缺陷调查时，发现南昌岸右幅桥台左肋有轻微裂缝，在次年雨季后调查发现该裂缝已发展，并且在南昌岸左幅两肋及樟树岸左幅桥台两肋均发现肉眼能观察到的裂缝。但经接下来的几个月跟踪观察，裂缝未见新的发展。

经现场观察与测量，桥台各肋所产生的裂缝均为基本垂直台肋靠河心方向的斜表面向下发展，斜表面处最宽，向下逐渐变窄。各裂缝宽度如下。

南昌岸桥台：左幅边肋 0.6mm、中肋 0.5mm，右幅中肋 3.5mm。樟树岸桥台：左幅边肋、中肋均为 0.2mm。

二、案例分析要求

分析樟坑大桥桥台各种病害的发生原因，并给出各种病害的处理方法。

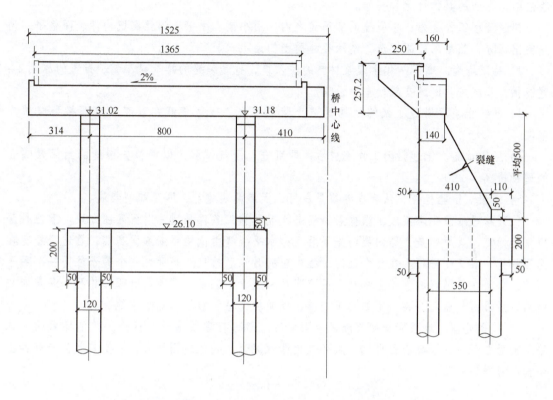

图 5-12 樟坑大桥肋式桥台构造图（尺寸单位：标高为 m，其余为 cm）

三、案例分析过程

1. 病害发生原因

根据现场观察和基桩施工记录及其检测报告，基本排除了由于基桩下沉产生裂缝的可能。经将南昌岸桥台左、右幅伸缩缝凿开后，观察结果也排除了空心板梁顶死台背而产生裂缝的可能。经反复研究分析，认为产生裂缝的主要原因是：

1）由于雨季的雨水较大、时间较长，渗入台后填土内引起下沉，从而对桥台肋有一个向下的作用力。

2）桥台搭板下沉作用对台肋产生向后的拉力。

在上述两个力的综合作用，致使台肋产生基本垂直斜面且上宽下窄的斜向裂缝。

2. 病害的处理方法

鉴于樟树岸桥台边、中肋裂缝宽度仅为 0.2mm，且已稳定不发展，故不作处理。对南昌岸桥台的台肋裂缝采用以下措施综合处理：

1）采用化学粘合剂对各裂缝进行灌缝粘合处理。

2）桥台锥护坡按设计图重新砌筑，锥护坡内填土分层夯实。

3）在台后搭板长度范围内将路基边坡用浆砌片石防护到顶。

病害处理施工要点如下：

1）裂缝的检查及清理。修补前，对修补部位的裂缝情况进行详细的检查、记录，对结构受损部位的所有裂缝做好定量和定性的分析。据此进行有关化学灌浆材料配量、埋嘴、灌浆注射等方面的具体计算和安排。

裂缝清理工作是指：在裂缝两侧画线之内，用小锤、手铲、钢丝刷把构件表面整平，凿除突出部分，然后用丙酮擦洗，清除裂缝周围的油垢。

2）钻眼埋嘴。嘴子是化学灌浆材料的注入口，也是裂缝的排气口，嘴子布置的原则是：宽缝稀，窄缝密。断缝交错处单独设嘴。

3）嵌缝止浆。嵌缝止浆的目的是防止浆液流失，确保浆液在灌浆压力下将裂缝填充密实。

4）压气试验。上述封闭工作完成后，即可进行压气试验，以便检查裂缝的封闭及嘴子的通畅情况。

5）灌浆。试验检查，认为嵌缝质量良好，无渗漏现象后，即可配制浆液。

往裂缝里灌注化学浆液，根据裂缝病态状况及施工条件采用注射器灌注方法。灌注秩序应先行标定，其原则是：竖向裂缝先下后上；水平裂缝由低端逐渐灌向高端；贯通裂缝宜在两面一先一后交错进行。在整个灌注过程中应随时注意排气。当灌好一个嘴子往下一个嘴子之前，必须在已灌好的嘴子上绑扎一段透明塑料软管，以备该嘴溢浆时弯绑扎死。灌浆或注射结束后最好稳压几分钟，不要急于转移，以使被处理的裂缝尽量吃浆饱满。

6）收尾处理。灌浆完毕待浆液聚合固化后，即可将灌浆嘴一一拆除，并用环氧胶泥抹平。最后在每一道裂缝表面再刷一层环氧树脂水泥浆，确保封闭严实，并使其颜色与混凝土结构尽量保持一致。

本节总结

通过本节内容的学习，掌握桥梁墩台各种病害发生的原因和维修方法，能够进行桥梁墩台病害原因分析，提出合适的养护维修或加固方法。本节案例以桥梁墩台病害分析为主。由于桥梁墩台病害种类较多，同一种病害存在多种可能原因，分析时往往容易混淆，此外分析时要有针对性，要针对具体的病害情况提出养护维修方法。

5.2 桥梁基础常见病害原因分析与养护维修

知识学习

一、桥梁基础病害分析

1. 基础沉降

（1）病害描述　桥梁基础下沉。

（2）病害原因　由于地基的压密下沉而引起的基础沉降，这对于任何一座桥梁都将是难以避免的，在一定范围内这是正常现象，而超出一定的范围则将对桥梁产生有害的影响。施工时桩底淤泥处理不彻底，将会引起桩基下沉。

2. 基础埋置土层被淘空

（1）病害描述　在水流作用下，基础周围埋置土层被冲刷淘空的现象称为淘空。

（2）病害原因　浅基础设计时水流冲刷考虑不够，导致埋置深度浅，易受冲刷而淘空。

3. 基础的滑移和倾斜

（1）病害描述　该病害严重时会导致桥梁结构破坏，其破坏形式有：

1）支座和墩台支承面破坏以及梁从支承面上滑落下来。

2）桥面伸缩缝装置被破坏或使伸缩缝宽度减小，其功能受损。

3）当滑移量过大时，梁端与前墙紧贴，严重时导致前墙破坏或梁局部破碎、压屈。

（2）病害原因　由于河床冲刷、桥台台背回填不当，使得基础上下受力不均匀时，容易导致浅基础出现滑移和倾斜。

4. 基础混凝土空洞、剥落、钢筋外露腐蚀

（1）病害描述　基础呈层状或出现空洞、剥离、疏松，并导致钢筋锈蚀。

（2）病害原因　该病害主要原因是施工质量不好或受水冲刷、侵蚀而产生。

5. 桩身部分脱空

（1）病害描述　灌注桩局部混凝土缺失致桩身脱空。

（2）病害原因　灌注混凝土过程中发生塌孔而未做处理导致桩身部分脱空。

二、桥梁基础养护维修与加固

1. 重力式基础的加固

在刚性实体基础周围浇筑混凝土扩大基础，一般应修筑围堰，抽干水后开挖基坑，再浇筑混凝土，新旧基础（承台）之间可埋置连接钢筋，并将旧基础表面刷洗干净、凿毛，使新旧混凝土连成整体，如图 5-13 所示。

当梁式桥的桥台基础承载能力不足时，可在台前增加桩基及柱并浇筑新盖梁、增设支座，这时梁的支点发生变化，应根据结构受力变化对主梁进行验算及加固。

对于拱桥基础，可在桥台两侧加设钢筋混凝土实体耳墙，与原桥台用钢销连接，增大桥台基础面积，提高桥台承载力。

当桥下净空允许时，可在台前加建新的扩大基础及台身，将主拱改建为变截面拱支承到新基础及台身上，新旧基础之间用钢筋或钢销进行连接，有条件时可在台前新基础下增加短桩，以提高承载力。

2. 桩基础的加固

增补桩，可用钻孔桩或打入桩增设桩基，并扩大原承台，如图 5-14 所示。

对单排架桩式桥墩采用加桩加固时，如原有桩距较大（4~5 倍桩径），可在桩间插桩，如原有桩距较小，但通航净空有富余时，可在原排架两侧增加新桩，变为三排式墩桩。

对钻孔灌注桩桩身损坏，露筋、缩颈等病害，可采用灌（压）浆或扩大桩径的方法进行维修加固。

3. 人工地基加固

对墩台基础以下的地层，采用注浆、旋喷注浆或深层搅拌等方法，将各种浆液及加固剂注入或搅拌于土层，通过浆液凝固使原来松散的土固结，成为具有足够强度和防渗性能的整体，所采用的材料应通过试验确定。

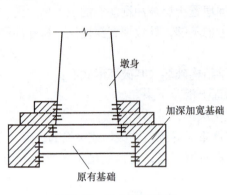 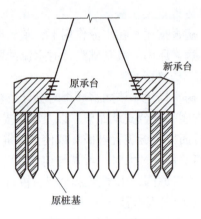

图 5-13 扩大基础加固　　　　图 5-14 增补桩基加固

4. 基础防护加固

墩台基础局部被冲空时，可分情况采取下列加固措施：

1）水深 3m 以下，可筑围堰将水抽干，以砌石或混凝土填补冲空部分，并修整或加筑护坡。

2）水深 3m 以上，可在基础四周打板桩或做其他围堰，灌注水下混凝土。也可用编织袋装干硬性混凝土，通过潜水作业将袋装混凝土分层填塞冲空部分，填塞范围比基础边缘宽 0.4m 以上。

3）当基础置于风化岩层上，基础外缘已被冲空时，应先清除岩层严重风化部分再用混凝土填补，对基础周围的风化岩层还应用水泥砂浆进行封闭。

4）当河床不稳定，基础埋置较浅，冲刷范围较大时，可采用平面防护加固，范围要覆盖全部冲刷坑。方法如下：

① 打梅花桩，桩间用块、片石砌平卡紧。

② 用块、片石防护或用水泥混凝土板、水泥混凝土预制块防护。

③ 用铁丝笼、竹笼等柔性结构防护。

5）墩台周围河床冲刷严重，危及基础安全时，除采用上述方法进行防护加固外，应在洪水期过后采取必需的调治构造物防护措施或对河床采取防冲刷处理，以防被再次冲坏。

 案例分析

北江大桥基础养护维修案例

一、案例背景资料

1. 工程概况

北江大桥建于 1978 年，跨越北江，是一座十一跨钢筋混凝土箱板拱桥。它全长 490m，桥面总宽 20m，双向 4 车道，桥面净宽 15.8m，两侧人行道各 2.1m。

2. 病害情况

第九跨 9 号墩拱脚出现拱背与拱腹贯通的横向裂缝，9 号墩出现横向开裂。

二、案例分析要求

分析北江大桥桥墩基础病害的发生原因，并给出病害的处理方法。

三、案例分析过程

1. 病害发生原因

据了解，9号墩桥位附近大厦曾进行地下室施工，分析后认为应该为当时基坑施工引起水土流失，导致桥墩基础附近土体扰动、不稳定进而引起桥墩的不均匀沉降、滑动或转动，且长期受超重车影响所产生的。

2. 病害的处理方法

对9号墩基础处理方法为：在距离9号墩重力式基础外缘约550cm范围内采用多层钻孔注浆方法对墩身基础土体进行加固。通过上述方式可以稳定墩身基础土体，提高土体承载力，防止桥墩继续不均匀沉降或转动。

钻孔注浆采用花管注浆，具体施工要点如下：

1）钻孔直径：采用直径为91mm的孔径开孔。花管直径：花管直径为51mm，壁厚2.5mm。

2）灌浆材料：采用42.5早强型普通硅酸盐水泥。水灰比为0.7~1.1。每米灌浆水泥用量为270~300kg。

3）灌浆压力：注浆压力采用初始压力范围为0.2~0.5MPa，注浆终止压力范围为0.3~0.8MPa，稳压时间为10分钟。

4）施工步骤：

① 灌浆钻孔定位：按设计图纸上的灌浆孔位结合现场施工场地将灌浆钻孔孔位做好标记。

② 钻孔：采用钻机直径为91mm的钻头开孔，孔深为0.8m。

③ 打入灌浆花管：将花管下入已钻好的钻孔中，采用钻机或吊锤将花管继续往下打入至设计深度。

④ 灌浆：灌浆开始时将灌浆管下至孔底，按要求水灰比搅拌好水泥浆液，开动高压泵，将水泥浆液压至孔底，至孔口返出水泥浆液为止。然后将高压管一头与高压灌浆泵相连，另一头与灌浆花管孔口相连，开动高压泵，向孔内压入水泥浆液，灌水泥浆液按先稀后浓、先快后慢的原则。水灰比按0.7~1.0调节。灌浆至地表有冒浆或灌浆压力大于0.8MPa，停止送浆，稳压10~20min。

⑤ 封孔冲洗：每孔灌浆结束后，若卸管后孔内仍冒浆，需将孔口封住。然后迅速将高压管以及灌浆泵仔细清洗好，防止水泥浆固结堵塞。

本节总结

通过本节内容的学习，掌握桥梁基础各种病害发生的原因和维修方法，能够进行桥梁基础病害原因分析，提出合适的养护维修或加固方法。现代桥梁基础病害发生一般较少，但若发生往往会导致整座桥处于危险的状态，一般采取加固的方法处置。本节案例以桥梁基础病害分析为主，由于桥梁墩台基础类型多样，分析时要有针对性，要针对具体的病害情况提出养护维修或加固方法。

本模块小结

桥梁下部结构病害一般出现较少,但下部结构是桥梁工程的重要结构,一旦出现病害往往会危及桥梁安全。在桥梁下部结构养护维修工作中,桥梁下部结构养护人员应根据桥梁下部结构形式、材料和受力特点,诊断病害的发生原因,给出养护维修对策,制订养护维修方案。

自我测评

一、单项选择题

1. 桥墩立柱向阳表面出现龟裂的原因主要是(　　)。
   A. 荷载过大　　　　　　　　B. 基础不均匀沉降
   C. 水泥水化反应收缩　　　　D. 施工养护时洒水不足

2. 当(　　)时,可采用钢筋混凝土围带,粘贴钢板箍或加大墩台截面的方法进行加固。
   A. 墩台身发生纵向贯通裂缝　　B. 因基础不均匀下沉引起墩台自下而上的裂缝
   C. 墩台出现大面积开裂、破损　D. 墩台出现大面积风化、剥落

3. 桥台台身表面竖向裂缝的原因主要是(　　)。
   A. 荷载过大　　　　　　　　B. 基础不均匀沉降
   C. 混凝土收缩　　　　　　　D. 台后土压力过大

4. 桥台肋板露筋的原因主要是(　　)。
   A. 混凝土保护层偏薄　　　　B. 施工养护时洒水不足
   C. 混凝土收缩　　　　　　　D. 上部结构荷载过大

二、多项选择题

1. 八字形桥台两侧翼墙开裂的主要原因有(　　)。
   A. 台后沉降　　　　　　　　B. 上部结构荷载较大
   C. 混凝土保护层偏薄　　　　D. 翼墙配筋不足

2. 桥台台帽挡块根部开裂的主要原因有(　　)。
   A. 上部结构较重压裂挡块　　B. 混凝土收缩
   C. 温度作用导致梁体横移　　D. 防震锚栓损坏导致梁体横移

3. 八字形桥台两侧翼墙与前墙的连接处断裂的主要原因有(　　)。
   A. 墙间填土不良　　　　　　B. 墙间填土冻胀
   C. 地基承载力不足　　　　　D. 上部结构推力过大

4. 桥墩盖梁荷载裂缝可能位置为(　　)。
   A. 立柱顶端　　　　　　　　B. 盖梁跨中
   C. 1/4 跨径处　　　　　　　D. 1/8 跨径处

三、问答题

桥梁墩台基础局部被冲空时,可采取哪些加固措施?

案例实训

桥梁下部结构养护与维修实训任务单

一、已知条件

1. 工程概况

武汉—黄石高速是一条双向四车道的高速公路，自武汉市关山一路南环铁路桥至黄石市黄石长江大桥，全长 70.3km，其中大桥 2 座，中桥 4 座，小桥 42 座，分别占桥梁总数的 4.17%、8.33%、87.50%，全线桥梁多以实心板梁、空心板梁以及 T 梁居多。经过 10 余年的运营，80% 以上已经出现不同程度的病害。

2. 桥梁结构形式及主要病害（表 5-1）

表 5-1 桥梁结构形式及主要病害

桥梁桩号	跨径	上部结构	下部结构	病害描述	备注
K9+295	1-10m	10m 现浇简支 R.C 斜空心板梁（桥宽 12m）	重力式桥台扩大基础	1. 桥台后路面横向开裂并错台，附近伸缩缝损坏 2. 桥台八字墙有移动现象	结构承载力、结构刚度基本能满足目前的运营要求，但安全储备有限。车辆超速行驶较多，台后填土沉降，桥面不平整
K10+826	1-13m	13m 预制装配式简支 R.C 空心板梁	重力式桥台扩大基础	1. 桥头跳车，桥台台帽钢筋锈蚀，表面混凝土大面积剥落 2. 防震挡块根部开裂	结构承载力、结构刚度能满足设计要求，但安全储备有限。车辆超速行驶较多，桥面横坡不当，铰缝混凝土破碎失效，防震锚栓锈蚀
K12+923	2-16m	16m 预制装配式简支 R.C 空心板梁	重力式墩台扩大基础	1. 台帽露筋严重，挡块严重破损 2. 桥台侧墙、前墙均开裂，最大裂缝宽度 2cm	结构承载力及刚度能满足目前的运营要求，但安全储备不足。板间湿接缝灌注不实，主梁封头板损坏；桥台基础不均匀沉降，桥台附近伸缩缝损坏；防震锚栓锈蚀
K13+033	1-16m	预制装配式简支 R.C T 梁桥（横隔梁连接均采用钢板焊接）	重力式桥台扩大基础	台身侧墙和前墙外鼓	结构承载力、结构刚度以及动刚度基本能满足目前的运营要求，但安全储备不足。大部分钢板已锈蚀甚至脱落，桥台附近伸缩缝损坏
K14+628	3-40m	现浇 R.C 连续箱梁桥	钻孔灌注桩基础双柱式桥墩，U 形重力式桥台扩大基础	1. 盖梁悬臂根部上方出现竖向裂缝，裂缝宽度约 0.25mm 2. 桥台侧墙出现最底部向上发展的裂缝，裂缝宽度呈下头大上头逐渐变小趋势	结构承载力及刚度能满足目前的运营要求，但安全储备不足。桥面排水的泄水管太短，未能伸出梁底

(续)

桥梁桩号	跨径	上部结构	下部结构	病害描述	备注
K15+858	3-30m	预制装配式P.C简支箱梁桥	钻孔灌注桩基础双柱式桥墩	1. 桥墩盖梁上由支座垫石开始从上向下发展的裂缝 2. 桥墩墩柱常水位以上向阳面网状裂缝，裂缝宽度约0.5mm 3. 桥桩横系梁竖向裂缝，裂缝宽度约2mm	结构承载力及刚度能满足目前的运营要求。墩帽在支座垫石下布置的钢筋较少

二、任务要求

任务分工

分　　组	任　　务
第一小组	K9+295处1跨10m现浇简支R.C斜空心板梁
第二小组	K10+826处1跨13m预制装配式简支R.C空心板梁
第三小组	K12+923处2跨16m预制装配式简支R.C空心板梁
第四小组	K13+033处1跨16m预制装配式简支R.C T梁桥
第五小组	K14+628处3跨40m现浇R.C连续箱梁桥
第六小组	K15+858处3跨30m预制装配式P.C简支箱梁桥

各小组按以上任务分工完成以下内容：
1）诊断所遇各种病害的发生原因，并给出各种病害的处理方法。
2）若有桥梁承载力不足的情况，针对其特点给出初步加固方案。

三、学习参考资料

《公路养护技术规范》（JTG H10—2009）、《公路桥涵养护规范》（JTG H11—2004）、《城市桥梁养护技术规范》（CJJ 99—2017）。

启示园地

桥梁下部结构养护与维修

桥梁一般由上部结构和下部结构组成，人们欣赏的往往是上部结构，感叹于力与美的完美结合，而往往忽视桥梁下部结构等隐蔽工程。这就好比一名高水平的桥梁养护工程师，他所掌握的桥梁工程养护知识和技能就相当于上部结构，很直观、很宏伟，让人仰慕；桥梁养护工程师的隐性技能就好比桥梁的下部结构，这些隐性技能就是以勤奋、勤劳、团结、肯钻研、一丝不苟为代表的优良品质，往往是下部结构决定了整座桥的寿命，隐性技能决定着工程师的整体成就。

参 考 文 献

[1] 浙江省公路管理局. 公路养护技术规范：JTG H10—2009 [S]. 北京：人民交通出版社，2009.
[2] 交通部公路科学研究院. 公路技术状况评定标准：JTG H20—2007 [S]. 北京：人民交通出版社，2007.
[3] 中交第二公路勘察设计研究院有限公司. 公路路基设计规范：JTG D30—2015 [S]. 北京：人民交通出版社，2015.
[4] 上海市公路管理处. 公路沥青路面养护技术规范：JTJ 073.2—2001 [S]. 北京：人民交通出版社，2001.
[5] 中交路桥技术有限公司. 公路沥青路面设计规范：JTG D50—2017 [S]. 北京：人民交通出版社，2017.
[6] 上海市公路管理处. 公路水泥混凝土路面养护技术规范：JTJ 073.1—2001 [S]. 北京：人民交通出版社，2001.
[7] 中交公路规划设计院有限公司. 公路水泥混凝土路面设计规范：JTG D40—2011 [S]. 北京：人民交通出版社，2011.
[8] 陕西省公路局，长安大学. 公路桥涵养护规范：JTG H11—2004 [S]. 北京：人民交通出版社，2004.
[9] 中交公路规划设计院. 公路钢筋混凝土及预应力混凝土桥涵设计规范：JTG 3362—2018 [S]. 北京：人民交通出版社，2018.